地域批評シリーズ㉖

これでいいのか栃木県

まえがき

本書は2012年に刊行した日本の特別地域『これでいいのか栃木県』に加筆・修正をし、新たに文庫化したものである。

「日本一影の薄い県」。全国には鳥取県や島根県など地味でマイナーな県は少なからずあるが、栃木県はそれらの県を差し置き、こんなレッテルを貼られている。栃木県の一般的な知名度は、東日本はまだしも、西日本となると格段に低い。西日本の人たちは、栃木県がどんなところで何があるのかよくわかっていないが（というか興味自体ないのだが）、そもそも彼らにしてみれば、関東の中でも北関東は「空白地帯」のようなもの。実際、茨城県、栃木県、群馬県の3県がどう並んでいるかさえ知らない人も多く、そのなかでも存在感の薄さでいったら、どうやら栃木県がピカイチらしい。

しかしだ。マイナー県とはいえ、栃木県のポテンシャルはやたら高い。関東の内陸型工業地域の中心を担い、農業産出額は全国トップ10に入っている。日光・那須エリアなど著名な観光スポットを抱え、観光業もすこぶる盛ん。さらに自然災害が少ないなどなど、実は豊かで暮らしやすい県なのである。

こうした郷土のすばらしさを当の栃木県民はよく理解している。けれどもそのことをあまり外にアピールしようとしないのだ。昔から「守りの栃木」といわれ、県民は出る杭を打たれないよう、郷土を自慢気に主張することを避け、慎ましく生きてきたのである。そしてそのことが栃木県の存在感を奪っていったともいえる。

ところが、そんな栃木の「専守防衛」スタイルが近年、変化の兆しを見せ始めている。世界遺産の日光を筆頭に充実した観光コンテンツを生かし、国内旅行者を増やす取組を強化するとともに、外国人旅行者を積極的に呼び込み「観光立県」を目指している。また、県都・宇都宮では長年の懸案だったLRT事業がついに本格始動。ゼロから路線を新設するというこの計画の実現は、かつての「守りの栃木」では考えられない画期的かつ革新的な出来事である。

本書は栃木人気質をベースに置きながら、県内各地の特徴や問題点を取り上げ、さらに守りから攻めに転じつつある現状の記事もふんだんに盛り込んだ。ページをめくれば、新たな栃木県の姿が垣間見えるはずである。

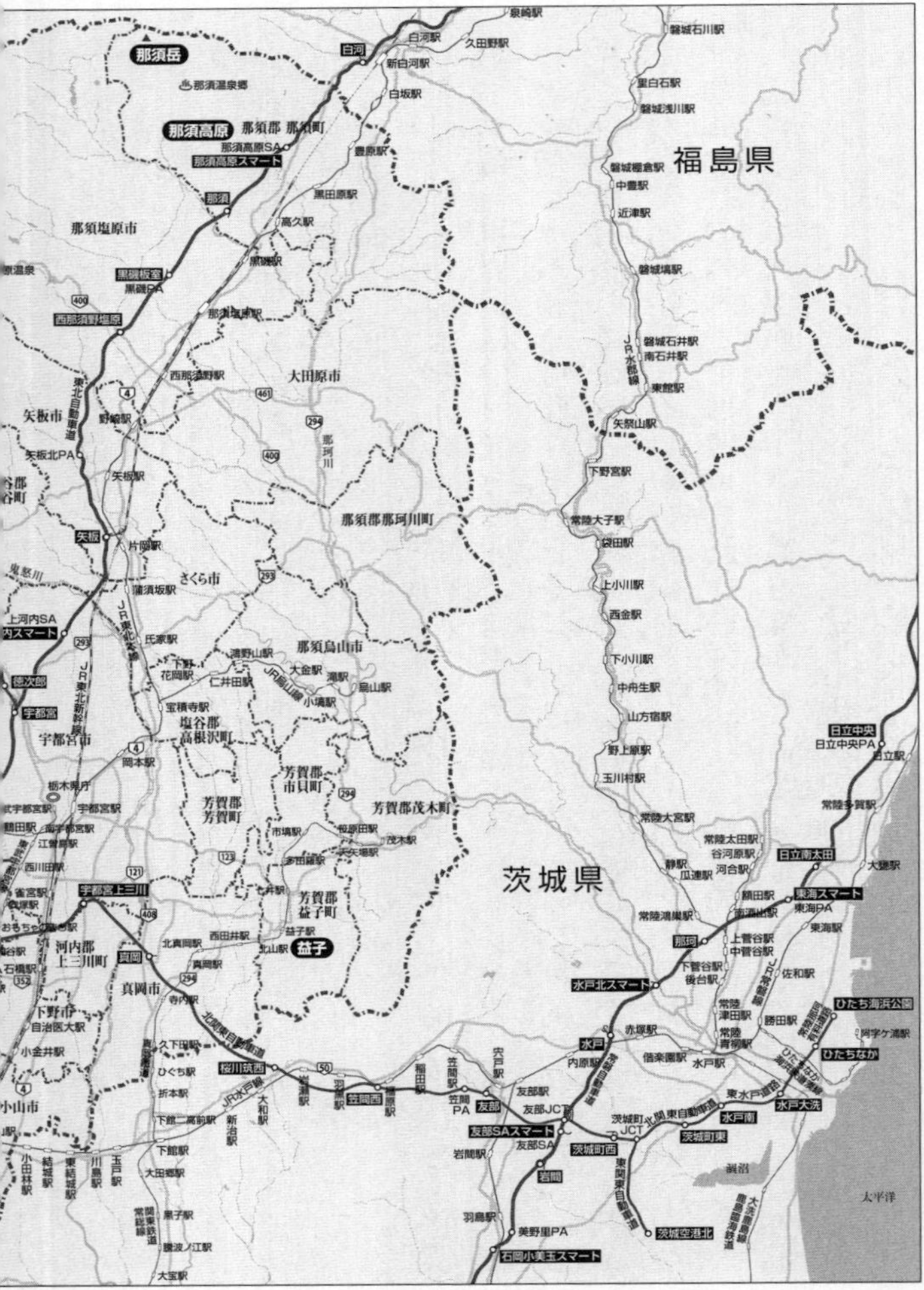

泉崎駅
磐城石川駅
白河
白河駅
久田野駅
新白河駅
白坂駅
那須岳
那須温泉郷
里白石駅
磐城浅川駅
那須高原
那須郡 那須町
那須高原SA
那須高原スマート
豊原駅
福島県
磐城棚倉駅
中豊駅
近津駅
那須
黒田原駅
高久駅
那須塩原市
黒磯駅
黒磯板室
黒磯PA
磐城塙駅
400
西那須野塩原
JR水郡線
磐城石井駅
南石井駅
東館駅
西那須野駅
大田原市
4
461
東北自動車道
矢板市
野崎駅
294
那珂川
矢祭山駅
矢板北PA
400
矢板駅
下野宮駅
那須郡那珂川町
常陸大子駅
矢板
片岡駅
袋田駅
鬼怒川
さくら市
293
蒲須坂駅
上小川駅
JR東北本線
上河内SA
西金駅
氏家駅
293
JR東北新幹線
那須烏山市
滝駅
大金駅
JR烏山線
下小川駅
仁井田駅
烏山駅
中舟生駅
下野花岡駅
小塙駅
宝積寺駅
山方宿駅
宇都宮
塩谷郡高根沢町
日立中央
日立中央PA
宇都宮市
4
岡本駅
野上原駅
日立駅
栃木県庁
玉川村駅
芳賀郡市貝町
常陸多賀駅
宇都宮駅
芳賀郡芳賀町
294
芳賀郡茂木町
常陸大宮駅
市塙駅
笹原田駅
茂木駅
常陸太田駅
江曽島駅
谷河原駅
日立南太田
大甕駅
西川田駅
多田羅駅
天矢場駅
茨城県
静駅
瓜連駅
河合駅
121
123
宇都宮上三川
七井駅
芳賀郡益子町
額田駅
東海スマート
東海PA
408
常陸鴻巣駅
南酒出駅
益子駅
東海駅
西田井駅
上菅谷駅
河内郡上三川町
北真岡駅
北山駅
益子
那珂
中菅谷駅
真岡
真岡駅
下菅谷駅
佐和駅
石橋駅
294
後台駅
352
真岡市
水戸北スマート
常陸津田駅
ひたち海浜公園
寺内駅
下野市
北関東自動車道
勝田駅
阿字ケ浦駅
自治医大駅
赤塚駅
常陸青柳駅
ひたちなか
水戸
小金井駅
久下田駅
偕楽園駅
水戸駅
内原駅
ひぐち駅
桜川筑西
50
宍戸駅
稲田駅
笠間駅
4
折本駅
岩瀬駅
羽黒駅
笠間西
福原駅
友部駅
東水戸道路
水戸大洗
小山市
JR水戸線
大和駅
笠間PA
友部
友部JCT
茨城町JCT
北関東自動車道
水戸南
下館二高前駅
新治駅
友部SAスマート
茨城町東
友部SA
茨城町西
小田林駅
結城駅
東結城駅
川島駅
玉戸駅
下館駅
岩間駅
東関東自動車道
涸沼
大田郷駅
岩間
太平洋
関東鉄道常総線
黒子駅
羽鳥駅
美野里PA
大洗鹿島線
鹿島臨海鉄道
茨城空港北
騰波ノ江駅
石岡小美玉スマート
大宝駅

栃木県地図

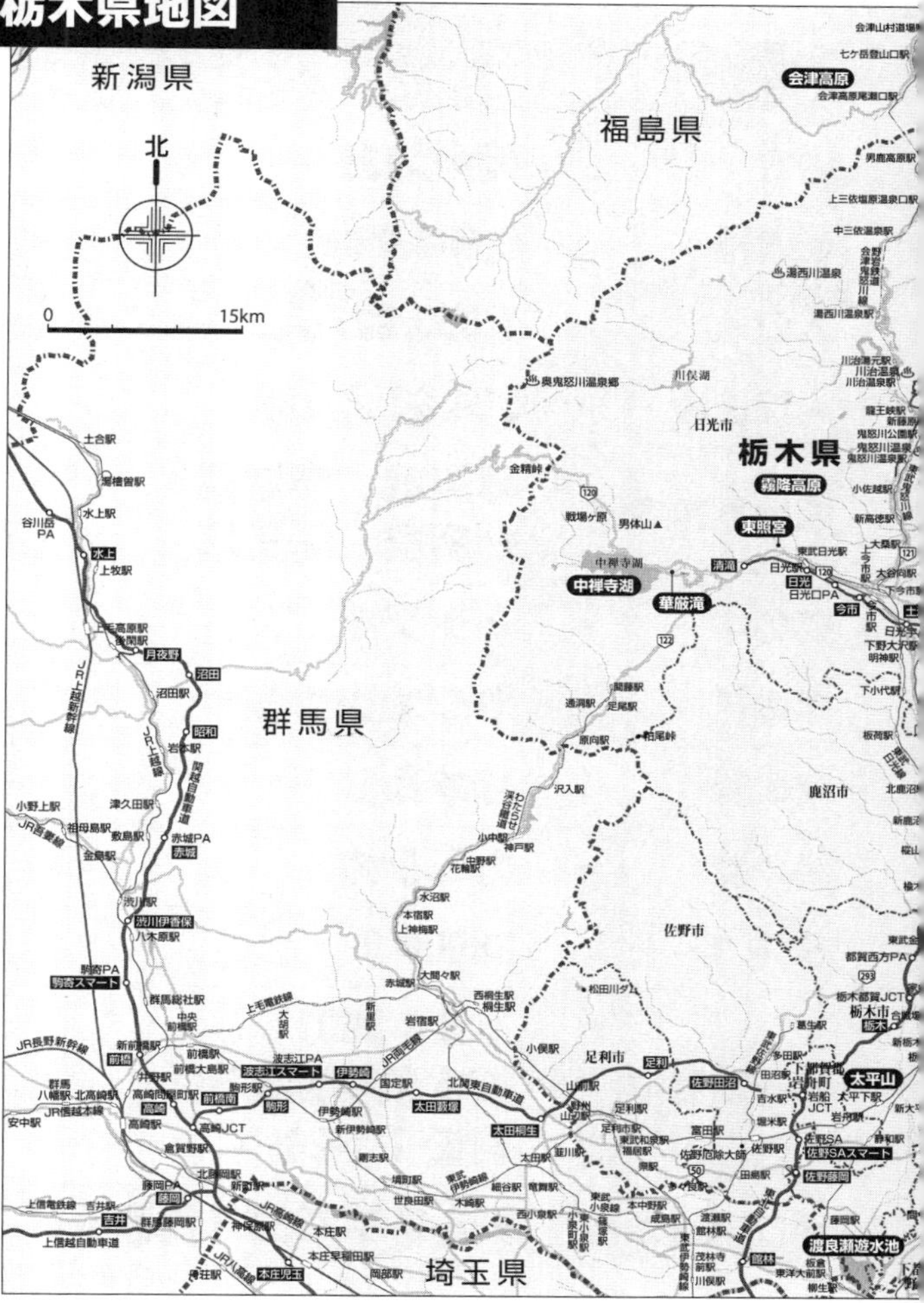

新潟県
福島県
群馬県
栃木県
埼玉県
北
0
15km
会津山村道場駅
七ケ岳登山口駅
会津高原
会津高原尾瀬口駅
男鹿高原駅
上三依塩原温泉口駅
中三依温泉駅
湯西川温泉
会津鬼怒川線
湯西川温泉駅
川治湯元駅
川治温泉
川治温泉駅
奥鬼怒川温泉郷
川俣湖
日光市
龍王峡駅
新藤原
鬼怒川公園駅
鬼怒川温泉
鬼怒川温泉駅
霧降高原
小佐越駅
新高徳駅
東照宮
大桑駅
東武日光駅
日光駅
上今市駅
大谷向駅
下今市駅
今市
日光口PA
清滝
中禅寺湖
華厳滝
金精峠
戦場ケ原
男体山
下野大沢駅
明神駅
下小代駅
板荷駅
鹿沼市
北鹿沼
新鹿沼
樅山
間藤駅
通洞駅
足尾駅
原向駅
粕尾峠
沢入駅
わたらせ渓谷鐵道
小中駅
神戸駅
中野駅
花輪駅
水沼駅
本宿駅
上神梅駅
大間々駅
赤城駅
佐野市
都賀西方PA
栃木都賀JCT
栃木市
栃木
松田川ダム
西桐生駅
桐生駅
岩宿駅
新里駅
上毛電鉄
大胡駅
JR両毛線
小俣駅
足利市
足利
佐野田沼
多田駅
田沼駅
下野 岩舟町
都賀町
太平山
大平下駅
岩舟駅
岩舟JCT
吉水駅
堀米駅
佐野SA
佐野SAスマート
佐野藤岡
静和駅
新大平下駅
佐野厄除大師
佐野駅
田島駅
富田駅
足利駅
山前駅
野州山辺駅
足利市駅
東武和泉駅
福居駅
太田駅
韮川駅
県駅
多々良駅
渡瀬駅
館林駅
成島駅
本中野駅
茂林寺前駅
川俣駅
館林
渡良瀬遊水池
藤岡駅
柳生駅
東洋大前駅
板倉
北関東自動車道
太田桐生
太田薮塚
伊勢崎
伊勢崎駅
新伊勢崎駅
剛志駅
国定駅
東武伊勢崎線
細谷駅
木崎駅
世良田駅
境町駅
西小泉駅
東小泉駅
小泉町駅
東武小泉線
篠塚駅
竜舞駅
波志江PA
波志江スマート
駒形
駒形駅
前橋南
前橋駅
前橋大島駅
新前橋駅
前橋
群馬総社駅
中央前橋駅
井野駅
高崎問屋町駅
北高崎駅
群馬八幡駅
JR信越本線
安中駅
高崎
高崎駅
高崎JCT
倉賀野駅
北藤岡駅
新町駅
藤岡PA
藤岡
上信電鉄
吉井駅
吉井
群馬藤岡駅
上信越自動車道
JR高崎線
神保原駅
本庄駅
本庄早稲田駅
岡部駅
JR八高線
丹荘駅
本庄児玉
JR長野新幹線
駒寄PA
駒寄スマート
渋川伊香保
八木原駅
渋川駅
金島駅
敷島駅
祖母島駅
小野上駅
JR吾妻線
赤城PA
赤城
津久田駅
岩本駅
昭和
関越自動車道
JR上越線
沼田駅
沼田
月夜野
後閑駅
上毛高原駅
JR上越新幹線
上牧駅
水上
水上駅
谷川岳PA
湯檜曽駅
土合駅

栃木県基礎データ

地方	関東地方
総面積	6,408.09㎢
人口	1,953,937 人
人口密度	304.92 人 /㎢
隣接都道府県	福島県、茨城県 群馬県、埼玉県
県の木	トチノキ
県の花	ヤシオツツジ
県の鳥	オオルリ
県の獣	カモシカ
団体コード	09000-0
県庁所在地	〒320-8501 栃木県宇都宮市 塙田 1-1-20
県庁電話番号	028-623-2323（代表）

※総面積は 2017 年 10 月 1 日現在
※総人口は 2018 年 5 月 1 日現在

第１章
栃木県ってどんなトコ

【歴史】数々の危機的状況に耐え続けてきた栃木

栃木にはいつから人が住んでいた？

栃木県の歴史は、県のイメージと同じ様に「地味」である。歴史好きならまだしも、学校の授業でしか歴史を学んでいないような一般人にすれば、栃木県の歴史と言われてもよくわからない。唯一の歴史的ハイライトといえるだろう出来事は、江戸幕府による日光東照宮の造営くらいのもの（というのは失礼？・）。そこでここでは、今ひとつ認知度の低い栃木県の歴史にスポットライトを当ててみようと思う。

さて、現在の栃木県域に人類の足跡が見られる端緒は、約1万〜50万年前だといわれている。あまりにも広い年代範囲で具体的にどの時期なのかピンポイントで特定されていない。だが、日本列島に人類が住み始めたのは約8～9万年前といわれており、たとえば50万年前から栃木県域には人がいたというのは、可能性はあっても現実的ではない。実際、葛生で発掘された50万年前のものといわれた原人の骨も、野生動物や中世人の骨と判明した（それでも葛生ではくずう原人まつりを開催したり、「葛生原人」をアピールしているけどね）。まず間違いなく栃木に人がいたとされているのは、後期旧石器時代にあたる約3万5000年前で、この時代の遺跡や痕跡は県内から数多く発見されている。

ところで、ライバルの茨城を意識してなのか、単なる自虐ネタなのか、栃木県民は「海無し県」ということをやけに気にしたりするが、実は栃木県にも遥か昔には海があった。縄文時代前期（約7000年前）は、地球温暖化によって海面が上昇して、関東平野の奥地まで海が入り込んでいたようである。ちょうど現在の渡良瀬貯水池周辺がその海岸線にあたり、その証拠に当地からは複数の貝塚が発見されている。

まあ、昔々に海があったからって何の慰めにもならないのだが、とにもかくにも太古の栃木は、「水源」に恵まれた豊かな土地だったのである。西部の山岳地帯を源流とした数多くの川も流れ、水害の危険性は高いものの、土地は非常に肥沃だった。こうした自然環境は、後の食糧生産時代（弥生時代）への移行に大きく寄与していきそうだが、肝心の稲作に関してはそれほど発達しなかったといわれている。弥生期の当地での稲作は、あくまでも狩猟などを主とした縄文スタイルの補助的要素でしかなかったようだ。そのためムラやクニができることはなかったし、よって集落同士の戦争が起きることもなかったそうだ。文化こそ中央から遅れていたものの、そのぶん平和だったのである。そんな栃木の平和な状況が激変したのが古墳時代に入ってから。第10代天皇の崇神天皇の皇子・豊城入彦命（とよきいりひこのみこと）が当地に入り、鬼怒川（古代は毛野川）流域に「毛野国」を建国。ヤマトが原住民である縄文人（毛人）を制圧・懐柔してその支配・同盟下に置いたのだ。やがて毛野国が上毛野国と下毛野国に分かれ、その後、下毛野国と那須国が合体して下野国となった。この下野国こそが現在の栃木県の原型である。

戦に駆り出されてどん底に喘ぐ古代民

さて、その下野国だが、奈良時代後期から平安時代初期にかけて、対蝦夷の前線基地だったためにかなり物騒な場所だった。しかも、蝦夷鎮圧のための軍事行動では、東国の民衆が徴兵され、合わせて兵糧も負担することになり、現地の人々の生活基盤が崩壊していくことになった。

そうした状況が続き、権力者による圧迫に耐えていた下野民の中には、公への負担を嫌って浮浪者になるものも多く現れたという。またその一方で、民衆は宗教にもすがったようで、日光開山の祖となった勝道上人など、多くの僧侶が下野で活躍することにもなった。しかし、当地への仏教文化の流入だけで、一般庶民の暮らしが楽になることはなかった。

下野国がこうした軍事拠点になったのも、当地が関東とその以西と奥羽地方を結ぶ交通の要衝に位置していたからだ。古代の東山道、中世の奥大道、近世の日光街道、奥州街道など、時代ごとに道が整備され、人の往来が活発だった下野には、先の仏教文化以外にもさまざまな文化が持ち込まれ、さらに独自の文化も花開いた。

また、中世においては京や鎌倉への移動が至便であったために武士が台頭した。足利氏、小山氏、宇都宮氏、那須氏などが鎌倉御家人として活躍し、さらに鎌倉後の南北朝争乱では、足利尊氏が征夷大将軍に任じられて室町幕府を開いた。この事例はつまり、栃木出身者が天下を獲った出来事なわけだ。しかし、尊氏はその当時、ほとんど足利にいなかったこと、さらに栃木出身に異説があることなどから、栃木県民の中で足利尊氏という存在は、それほど親しまれることのない、ビミョーなヒーローになってしまっているのだ。

典型的な負の連鎖！　でも耐えるのが栃木民

やがて戦国時代になると、豊臣秀吉によって、小田原攻めに組した下野の勢力の多くが領地の没収や改易に遭った。江戸時代になると、中世の下野武士(豪族)はほとんど姿を消す。街道や河川を用いた水運が発達していて江戸に近い下野は、天領や旗本領に細分化され、譜代大名や旗本が支配するようになっていった。

そしてこの江戸時代の前期、下野の地に華々しいスポットライトが当たることになった。日光東照宮の建築がまさにそれである。江戸幕府が日光東照宮を造営して、家康の棺を当地へ移動させて改葬。その家康を東照大権現として祀り、以後、将軍の日光社参が頻繁に行われるようになる（トータルで19回）。

時の権力者の聖地になることによって、下野は恩恵を被った。将軍社参のための宿泊場所造設で、宇都宮は城と城下町を改造して大城下町へと変貌した。また、江戸と日光の間の通行量が激増したことで街道が作られ、宿場が発達していった。合わせて利根川、鬼怒川、那珂川水系を使った水運も発達。下野内には数多くの河岸ができた。

ちなみに現在の栃木県という名称にその名が引き継がれた栃木の町も、江戸期には河岸として栄えている。古代もそうだが、栃木は内陸県とは思えないほど、水とは縁が深い土地柄なのである。

このように商業面で活気のあった江戸期の下野だが、農業はまったくふるわず、強烈な農村荒廃に見舞われた。生活が一向によくならない農村では、若者たちが無届けで離農・離村し、稼ぎ場所を求めて江戸やその周辺町に流出した。老人と子どもばかりになった農村では、貧困によって「死に潰れ」や「病み潰れ」が起き、急激な人口減少に陥った。しかも、農民がいないから荒地が増加し、地主は小作人がいないから広大な土地だけを抱えて経営が破綻する。

こうした状況にもはや耐え切れなくなった民衆は、一揆や打ちこわしに走った。さらに稼ぎを求めて流出した若者たちも働き場所がなくて無宿者となり、治安悪化の原因となっていった。まさに絵に描いたような負の連鎖に襲われたのである。

幕末になっても下野の踏んだり蹴ったりは続く。ペリー来航が引き鉄となって下野と常陸で天狗党の争乱が発生。さらに水戸藩の尊攘激派が聖地・日光を占拠しようとして下野に進軍。加えて戊辰戦争で宇都宮城や壬生城で攻防戦が行われるなど、下野は政治思想的要所ということで、軍事衝突の場になった。しかも、こうした数々の戦によって農民の生活はトコトン疲弊し、各地で大規模な一揆が頻発した。

明治に入ると、各藩がバラバラでまったくまとまっていなかった下野が大きく統合されることになった。１８７１年の廃藩置県とその後の府県の再編によって、宇都宮県と栃木県（日光県など５県を統合）のふたつの県に分けられ、１８７３年に両県が合併して栃木県が成立した（１８７６年にほぼ現在と同じ県域となった）。

しかし、栃木県となって以降も、足尾鉱毒事件、農業恐慌（争議）、金融恐慌、戦災、巨大台風被害など、現代に至るまで数々の困難に見舞われ続けてきた。だが、それでも栃木は緩やかに人口を増やし、１９９７年、遂に人口が２００万人を突破するなど、地味ながら着実に県は伸長していっている。こうした伸長の要因には、東京の近郊という好立地や交通手段の充実があるだろう。だがその陰には、古代以降、数々の辛抱を続けてきた栃木の先人たちのたくましさがあるに違いない。

日光杉並木は、徳川将軍家に仕えた松平正綱が家康没後、日光東照宮への参道にあたる3街道に杉を植樹したことに始まる

幕末には廃鉱同然だった足尾銅山は、明治初期から鉱脈が次々と発見されて大きく発展したものの、渡良瀬川下流域に公害を引き起こした。田中正造の足尾鉱毒事件告発の話はあまりにも有名

【地域内紛争】文化の違いが軋轢や争いを生む

各地域が排他的で県としてまとまらない

たとえ同じ県内であっても、「どことどこの町（地域）は仲が悪い」なんてことは、大抵どこでも見られるし、無論それは栃木県も例外ではない。歴史的に見ても、栃木は群馬と同様、江戸期には天領や旗本領、譜代大名が支配する藩が入り組んで、地域（下野）としての「まとまり」はほとんどなかった。だがその一方で、地域が細分化され、それぞれの地域で独自の文化が生まれ、必然的に多種多彩な文化を持つに至った。このことは栃木にとって僥倖だったかもしれないが、これを悪く捉えれば、それぞれの地域が独自の文化を育んできたことによって、違う文化を持った他地域を受け入れづらい状況になったといえる。しかも、地域が細分化されていた栃木ではそれがより顕著。「おめぇんとこと俺んとこは同じ栃木でも違うかんね」ってな具合なのだ。

というわけで、ここでは栃木県内の地域間の丁々発止のさまを見ていくわけだが、とりあえず見ていきたいのは、宇都宮市と栃木市のライバル関係だ。

そもそもこの両市の因縁は、「栃木県」として県が統一された明治初期にまで遡る。1871年の廃藩置県によって、下野地方ではまず11の県が成立したが、同年にはふたつの県に整理統合される。ひとつは日光県、壬生県、吹上県、佐野県、足利県、館林県を統合し、足利郡や梁田郡、都賀郡など下野南部から上野の一部までを版図とする「栃木県」。もうひとつは宇都宮県、烏山県、黒羽県、大田原県、茂木県を統合し、那須郡や塩谷郡といった下野中央部から東北部を版図とする「宇都宮県」である。つまり、両県で下野を南北ふたつに割ったかたちだが、1873年に宇都宮県が栃木県に組み入れられ、旧下野地域は「栃木県」で統一された。

この2県を合体させた理由は、初代栃木県令に就いた鍋島貞幹の意向が大きかったといわれている。宇都宮県の県令も兼務していた鍋島は、兼務では人心を掌握できないと考え、両県の合併を実現したという（彼が広域行政論者だったことも大きい）。だが、この合併が後に問題を引き起こすことになる。それが県庁の場所にまつわるゴタゴタである。

栃木対宇都宮の発端となった県庁の移転

新生・栃木県誕生の当初、本庁は下都賀郡園部村（栃木市入舟町）に置かれた。しかし１８８４年に河内郡塙田村（宇都宮市塙田）に移転した。

栃木から宇都宮への県庁移転運動は、１８８２年ごろから活発に行われていた。宇都宮は日光街道の徳川将軍の宿場でもあり、その城下町は繁栄を誇っていたが、県庁があることで官公庁や金融機関、学校などがすべて栃木に置かれ、宇都宮の人口・商業両面での優位性が薄らいだ。これを危惧した宇都宮の有力者が県庁移転のための請願運動を繰り広げたのである。

当時の県令だった藤川為親は世論の動きを慎重に見極めて結論を出す予定だったが、福島県令にして自由民権運動を展開する自由党勢力を弾圧していた三島通庸が栃木県令に新たに赴任したことで、そうした状況が一変する。三島が県令として赴任した翌年の1884年、自由民権運動が盛んだった栃木県南部の中心・栃木から、県庁を宇都宮へ移転させることを強制的に決定したのである。

この新県庁建設のために、囚人労働者と2万人近い使役が県内から集められ、着工から100日あまりで新庁舎が完成。そうした状況下、過激な思想を持つ一部の自由民権運動家たちは、新庁舎落成のタイミングで三島県令を暗殺する計画を立てた。しかしそれがバレて、彼らは茨城県の加波山に立てこもり、「自由立憲政府」を求めて挙兵した（加波山事件）。とにかく、栃木の県庁移転をめぐる問題は、宇都宮と栃木両地域民の対立というより、政治思想の対立を主とした、血で血を洗う争い事だったわけである。

だが、そうした歴史事情はあっても、県庁所在地が宇都宮に移転してしまったことへのわだかまりは、栃木市民の心から今も消えていない。もともと県の中心だったというのに（だから土着の栃木市民のプライドはやたら高い）、宇都宮という大樹のせいで影が薄くなるばかり。もし県庁が移転していなかったら、東北本線（宇都宮線）は通っていただろうし、群馬でいうところの前橋と高崎の関係を栃木と宇都宮で築いていたはずで、栃木はここまで廃れていなかったのでは？　と夢想する栃木市民も少なくないのである。

宇都宮と栃木の現状を考慮すれば、もはやライバル関係というのはおこがましい。実際、宇都宮から栃木へのライバル意識のベクトルは、現状ほぼ皆無だ。栃木市民にしても、県庁を持っていかれて大きく発展を遂げた宇都宮を苦々しく思っているが、これだけ水をあけられた以上、もはや同じ土俵で優劣を語るのは意味のないことだと理解はしているのである。

だが、この「宇都宮ＶＳ栃木」をもっと大きなくくりである「県央・県北ＶＳ県南」で見るとどうなのか？　ちなみに栃木に南北対立のようなものがあるかといえば、南北地域はそれぞれ、お互いの住民に対しての同胞意識は欠如しているように感じられる。生活習慣や性格、言葉の違いなども含めて、まるで東北の県北と、まるで群馬（茨城も）の県南では、同胞意識が生まれづらい。

ただ、隣県の茨城のような表立っての南北対立（格差）はほぼ見られない。水戸と違って中央にドンと構える巨大都市・宇都宮の存在が、南北のバランスをうまくとっているのだろう。

もっとも同胞意識を感じる単位が「郡」

県の南北で住民の考え方は違うものの、もっと厄介なのは、本来同胞だと思っている地域内でもまとまりがないこと。特にそれが顕著なのが県南である。県南は大まかにいえば、都賀（下都賀郡）地区と安足（安蘇＋足利）地区に分かれる。安足地区は、その中心都市である足利市と佐野市が、群馬の太田市や桐生市との「両毛つながり」によって、仲間意識が意外に強い（足利と太田にはライバル意識があるけどね）。

対する下都賀郡つながりの栃木と小山はライバル意識がやたら強い（大昔は都賀と寒川で地域は違う）。宇都宮線や新幹線が通り、関東のベッドタウンとして急速に発展した小山市（人口は県内2位）を、栃木県の中心でなければせめて下都賀郡の盟主で、と考えるプライド激高の栃木は気に入らない。

そんなわけで、栃木は下都賀郡地域の大平町、藤岡町、都賀町、西方町を自市に編入合併して膨張を謀った。人口8万人足らずだった栃木の人口は約14万人となり、さらに岩舟町を引き入れ、人口がほぼ小山と並ぶことになった。対宇都宮戦略もあるのか、最終的には小山（野木町や茨城県の結城市とも！）と合併する案もあるが、栃木が下都賀郡の町をことごとく自領に引き入れた後に、その協議会は休止・解散してしまった。県南の巨大都市構想はアイデアだけで止まっているが、同じ郡仲間にして犬猿の仲である栃木と小山は、今後どこまで歩み寄れるのだろうか？　そんな栃木と小山の問題は広義でいえば下都賀郡地域の問題だ。これと同じように、「郡」という単位を栃木人は重視する傾向が強い。過去の合併劇を振り返ると、一部を除けば、もともと同じ郡だった市町が合併している。逆にそうでないとうまく行きづらい。たとえば栃木に編入しようとしている下都賀郡の岩舟には佐野（旧安蘇郡）との合併案もあったが、最終的には決裂。さくら市は塩谷郡の２町が合併してできたが、残された塩谷郡の高根沢町は宇都宮と合併寸前で決裂。それ以前にも高根沢は芳賀郡の広域合併協議会から脱退しているが、住民感情の部分で郡が違うことが障壁になったともいわれている。

小さな単位で同胞意識が強い栃木県民。栃木県への郷土愛が薄いというのも、地域同士のゴタゴタを見るとわかる気がするのだ。

明治期、栃木県の県庁所在地は半ば強制的に栃木から宇都宮に移され、県庁建設のために県内から2万人近い人が集められたという

栃木県の県庁所在地はもともと栃木市にあったため、「県庁堀」と呼ばれる堀が旧市役所の周りに残る

【産業】農業も工業も盛んなものづくり大国

産業構造はお隣の群馬とうりふたつ

2005年の国勢調査によると、栃木県の産業別就業人口の割合は、第一次産業が6・8パーセント、第二次産業が32・6パーセント、第三次産業が60・6パーセントとなっている。この数字は隣県の群馬県の産業別就業人口割合(2005年)と、けっこう数値が似通っている(群馬は第一次産業が6・5パーセント、第二次産業が32・8パーセント、第三次産業が60・7パーセント)。

栃木と群馬は同じ北関東の内陸地ということもあり、首都方面への移動が楽なことに加え、広くて平坦な工業用地の確保も容易なため、大手企業の工場が数多く立地している。さらにもともと農業が盛んな上に、著名な観光コンテンツを持っているなど共通項も多いので、産業別就業人口割合が似てしまうのかもしれない。

さて、この数値で特筆すべきは、第二次産業の就業人口割合が全国平均と比べて6パーセント以上も高いこと（もちろん群馬も同様だけど）。さらには、第二次産業の就業割合が高いにもかかわらず、第一次産業の就業人口割合も比較的高いのだ（全国平均は4・8パーセント）。全国的に見ると、第二次産業の就業人口割合が非常に高い中部地方各県では、そのぶん第一次産業の割合が格段に低くなっているが、栃木にはそうしたアンバランスさがなく、農工をメインにして、かなりバランスのとれた産業活動が県内で展開されている。栃木と同タイプ（第一次産業の就業人口割合が6・5パーセント以上、第二次産業の就業人口割合が30パーセント以上）の県は、群馬を筆頭に、茨城、山形、福島、新潟、山梨、長野といったラインナップ。これらはもともと農業県だが、大手企業や工場を誘致して農工併進策を積極的に進めた県ばかりである。

ただ、こうした栃木のような産業構造のバランスの良さは、言い換えれば「これ！」といった特色や強みがないともいえる。栃木の2010年度の農業産出額は全国10位で、製造品出荷額は全国11位。どちらも全国的には上位である。しかし、関東には農業産出額で全国2位・3位の茨城・千葉がいて、製造品出荷額では全国2位の神奈川がいるだけに、こと関東において、栃木のような中の上クラスは今ひとつ目立たない。県内の産業はそれぞれが十分に盛んなのに、それが県の特色と思われないのが栃木。ホントに損な役回りの県なのである。

関東内陸工業地域の中心を担う栃木

さて、２０１０年の栃木の製造品出荷額は約８兆４５９１億円だった（この金額は前年比で約10パーセントの増加）。２００９年に全国で13位だった順位は11位にランクアップし、12位の東京を抜いた。これを北関東の順位で見ると、群馬が15位で茨城が8位。関東内陸工業地域（埼玉・千葉の一部を除く）という枠組みのなかでは、茨城にやや水を開けられているが、茨城には海があり、鹿島と日立というふたつの工業港と工業地域を擁しているため、こうした差が出るのは致し方ないところだろう。だが、茨城は臨海地区を除くと、製造品出荷額は約6兆円程度でしかない。となれば、北関東の内陸で工業の中心地域といえば、間違いなく栃木である。

その栃木の工業だが、もともと中心を担っていたのは、足利市の繊維工業や鹿沼市の木材・家具製造業といった地場産業だった。それが1965年以降、機械、電気、自動車といった重化学工業の大規模工場の誘致を行い、工業県として一気に飛躍することになる。県都・宇都宮市を中心にして、小山市や真岡市、上三川町などに工業団地が造成され、地元の雇用を生むとともに、県の工業化は加速度的に進んでいった。

そうした栃木の工業の中で、有名なのが自動車産業だ。上三川の日産自動車栃木工場は、日産自動車の主力工場のひとつであり、日産工場最多の約5000人の従業員が働いている。当工場では日産の看板車種であるスカイラインやシーマ、海外輸出向けの高級車などが製造され、その生産能力は年に約22万台にも上る。

一方、真岡には本田技研工業の栃木製作所がある。こちらは日産とは違い、車本体というより、エンジン部品などのパーツを製造している。それを国内及び世界各地の工場へ供給するなど、非常に重要な役目を担っている。

その他に、車（重機を含む）産業では、スバル（宇都宮）、コマツ（小山市）、ブリヂストン（那須塩原市）などがあり、さらにホンダが茂木町にサーキット（ツインリンクもてぎ）を開業するなど、車とは切っても切れない関係にある栃木。車が必需の田舎ということに加えてこうした環境が、栃木のモータリゼーションを進展させたといえるかもしれない。

だが、こうした車産業と共に、栃木工業の一翼を担ってきた電機メーカーの不振は深刻だ。パナソニック（宇都宮）では正社員の半数近くをリストラ。シャープ工場（矢板）も生産を大幅に縮小。そうした工場を持つ各自治体に暗い影を落としている。

工業に比べるとやや弱い商業

第二次産業に強みを見せる栃木だが、第三次産業となると、その就業者割合は全国平均より約8パーセントも低いのだ。

第三次産業といえば商業だが、商業面では完全に宇都宮の1強。県全体で商業が主力産業化しているとは言い難く、観光産業や県民が大好きなパチンコ産業などを含めても、栃木の第三次産業はやや弱いと言わざるを得ない。

栃木人は商売に向かないので、栃木は企業が育たない風土ともいわれる。栃木から生まれた企業といえば、有名なのは家電量販店のコジマだが、家電最大手に一時上りつめたものの、ヤマダ電機との覇権争いに敗れ、今やビックカメラの子会社化している（どちらにしろ群馬の企業の軍門に降った）。その他には目立つところで、ドラッグストアチェーン業界5位のカワチ薬品、回転寿司チェーン業界6位の元気寿司など。いずれも地元企業だが、業界内で天下を獲るまでには至っていないし、どちらもそこそこなのが栃木らしい。

全国上位の収穫量を誇る農産物が多数！

栃木の産業で、第二次産業と共にもうひとつの柱を形成しているのは第一次産業（農林業）である。北関東は田舎だから農業も当然盛んに思われるが、おそらく栃木はその一般的なイメージよりもはるかに農業大国である。

２０１０年度の主要農産物収穫量では、米が全国8位。とちおとめに代表されるいちご、かんぴょう、二条大麦は全国1位。ニラが全国2位。さらに北部の那須地域は畜産が盛んなこともあり、生乳が全国2位。とちぎ和牛や那須和牛といったブランド牛肉に代表される肉用牛の飼育頭数も全国2位を誇る。野菜や果実、米や麦、そして畜産という農業3分野が、どれも際立つことなく、バランス良く収穫できているというのが栃木の農業の特徴なのである。

そして栃木は今、盛んである農業と商工業のより強い連携を模索している。農家が作物を生産し、それを業者が加工して小売店が販売するという流れの中で、それぞれがどういったことができるのか？

自ら生産した農産物を加工して販売するという6次産業化する農家も、栃木では徐々に増えてきているが、さまざまな業種の知恵を出し合って生まれるシナジーに産業界は期待しているのだ。

※　※　※

「統計でみる都道府県のすがた２０１７」によれば、栃木県の製造品出荷額（1

事業所あたり）は約1905万円で、全国10位にランクしている。工場の立地件数も全国6位（面積は2位）と、いまだ関東内陸工業地域の中心の座はゆるがない。栃木県の工業といえば、本編でも解説したように、主力は日産とホンダに牽引される自動車産業だが、近年は医療機器の分野でも強さを見せており、さらに国内で高いシェアを誇るニッチのトップ企業も多く、これらは地域経済の活性化にも寄与している。

一方、農業（第一次産業）でも産出額は全国9位と、農業王国としてのカラーは不変。特産としても知られる二条大麦、いちご、かんぴょうに加え、うどの生産量も全国1位となっている。

ただ、第三次産業は相変わらず弱い。1事業所あたりの商業年間商品販売額（卸売業・小売業）こそ全国19位だが、第三次産業の事業所数構成比は全国41位とかなり低い数値で、従業者の数も年々減少している。また、小売業界におけるネット販売への参入事業者も栃木県では少ないようで、デジタル化への対応遅れも指摘されている。

はじめはエンジンバルブ工場として創業された真岡市の本田技研工業の工場。その伝統を受け継ぎ、エンジンやミッション、足回り関連の部品を製造して、国内や世界の工場に供給している

県内にはいちご狩り園を経営する農家も多数。生産量に加えて販売額も日本一の栃木のいちごだが、その代表的品種が自県で開発した「とちおとめ」。今や全国のいちご作付面積の3割はこの品種

#【観光】関東の奥座敷栃木の観光地は知名度抜群！

日本を代表する観光地「世界の日光」

群馬の草津や伊香保、神奈川の箱根、静岡の熱海といった、いわゆる「関東の奥座敷」と呼ばれる観光地は数あれど、それをいうなら栃木も黙っちゃいない（茨城はカヤの外だけどね）。世界遺産の日光に有名リゾートの那須高原、温泉なら鬼怒川温泉、塩原温泉、川治温泉などなど、最近なら湯西川温泉も秘湯としてマスコミに頻繁に取り上げられ、知名度と人気をグングンと上げている。とにかく栃木県自体の存在感は地味でも、栃木の観光・レジャースポットの名前は派手である。

隣県の群馬のような、見どころがほぼ温泉だけの観光県とは訳が違う栃木。

改めていうまでもないが、栃木の観光県としての格を上げている存在といえば日光である。日光東照宮、二荒山神社、日光山輪王寺のいわゆる「日光山内」は１９９９年に世界遺産登録され、小笠原諸島が世界遺産になるまで、関東唯一の世界遺産だった。世界遺産だけに日光の名前は海外にもよく知られており、そのため日光では外国人観光客の姿も多く見かける。また、遠足・修学旅行の定番スポットでもあり、地元の栃木はもちろんのこと、関東（特に北関東）の子どもの多くが１度は日光を訪れている。

日光といえば、どうしても徳川家の菩提寺のイメージが強いが、歴史はかなり古い。７６６年に下野出身の僧侶・勝道が、男体山登頂を目指す途中で大谷川対岸に四本龍寺を創建したのが日光の始まりといわれ、７８２年に勝道が男体山登頂に成功して、その山を「二荒山（ふたらさん）」と名付けたことから、二荒を音読みしてニコウ→ニッコウになったという。

日光は関東の山岳信仰の拠点として整備され、加えて神仏習合の信仰によって、二荒山（神道）と日光山（仏教）の双方が併存する聖地となった。中世の日光は源氏の庇護を受け、関東の護りとして位置付けされたように、東国武士には特別な意味合いを持っていた。後に東国（江戸）を拠点に日本を支配した徳川家が、家康を改葬して当地に祀ったのも、そうした歴史を考慮したといわれている。

そんな聖地・日光が観光地として大きく発展するのは明治時代以降である。1872年に奥日光の女人禁制が解かれ、参詣や修行などが主だった聖地が、観光地に変化していった。1874年には、限定付きながら外国人の内地旅行が許されたことに加えて、1890年に鉄道が開通すると、景勝地として日光を訪れる外国人も増え、それに伴い宿泊施設も整備されていった。こうして国際的観光地となった日光だが、外国人の夏場の避暑地としての側面も持ち併せていた。中禅寺湖周辺は別荘地として開発され、夏場になると上流外国人が逗留した。「夏は外務省が日光に移る」とまで呼ばれ、それが抜群のステイタスを生むことにもなった。

以来日光は、世界遺産である日光山内はもとより、日光連山、中禅寺湖、華厳の滝、戦場ヶ原、日光湯元温泉や、合併した旧今市市、旧足尾町、旧藤原町、旧栗山村地区の観光・レジャースポットも含めて、国内の人気観光地のひとつとしてずっと君臨し続けている。栃木県観光交流課の資料によれば、２０１０年の観光客入込数は１１３７万人。宿泊客数は３６１万人で、これは栃木県内の観光客宿泊数の約45パーセントにあたるなど、「さすが日光」という規模である。２０１１年の東日本大震災発生後は観光客も大幅に減ったようだが、東京スカイツリー誕生が起爆剤となって（東武鉄道を使えば東京スカイツリーから乗り換えなしで日光に行けるため、相互観光をする人もけっこういるという）、再び日光に観光客の姿が目立つようになってきているようである。

那須発展の転機は御用邸の完成

栃木で日光と並ぶ観光地の二大巨頭といえば那須である（別荘地のイメージもあるけどね）。都心に比較的近い高原リゾートとして、２０１０年の観光客入込数では、那須町と那須塩原市を合わせて１５５０万人。これは日光の観光客入込数をしのぐ数である。観光客宿泊数は合わせて２７６万人で、日光よりも観光客入込数が上なのに宿泊数が及ばないのは、那須ガーデンアウトレットを筆頭に、テーマパークや遊園地など日帰りで楽しめるスポットや施設が多いからだろう。

そうしたレジャースポットが充実しているのが那須高原である。那須高原といえば、那須温泉郷（那須町と那須塩原市の一部含む）が有名で避暑地や別荘地としても知られるが、もともとは明治政府が牧畜振興のために開拓した不毛の原野に過ぎなかった（温泉だけはあったけどね）。超田舎の那須の転機となったのは、1926年に天皇や皇族の別荘である御用邸が完成したこと。御用邸の存在は那須のステイタスを高め、当地は別荘地として開発されていった。やがて太平洋戦争を経て高度成長期に入り、東北自動車道や東北新幹線といったインフラが整備されると、那須の避暑地・別荘地としての知名度とステイタスはさらに増した。そして1987年に総合保養地域整備法が制定されたことによって、那須には保養所やペンションといった宿泊施設が激増する。また、それに併せてレジャー施設も整備され、もともとあった那須温泉郷の需要も急増して、那須は日本有数の観光リゾート地として発展したのである。

栃木の観光を襲う未曾有の危機

しかし、休日ともなれば那須街道では相変わらず長い渋滞が見られるものの、2011年の東日本大震災による原発事故以来、当地への観光客（もちろん別荘購入者も）は激減した。

那須町の2011年の観光客入込数は、前年比で約24パーセントも減った。超有名観光地の日光でさえ観光客の激減に揺れた2011年だったが、2012年になって、ようやく明るい兆しは見えてきた。しかし、福島と隣接している県北地方では、原発事故による放射線問題が観光に暗い影を落としたままだ。

原発事故の後、那須ではやや高めの放射線量が検出された。そして一部のマスコミは那須を危険な地域と見なして報道した。こうして那須は「放射線量が高い地域」のレッテルを貼られてしまったのだ。確かに当地の線量がやや高めなことは事実だが、人体に影響が出るレベルではない。しかし、1度貼られた負のレッテルはなかなか剥がせないし、そこからの復活は容易なことではない。「風評は時間が解決するもの」というが、時間による解決を待つなんて、当事者の生活を考えれば、そんな悠長なことも言っていられない。

那須及び福島、茨城では停滞している観光の打開策として、外国人ツアー客の招致にも乗り出した。中国や韓国の旅行代理店の関係者を呼んで、現地の良さや安全性をアピールした。評判こそ良かったものの、そうした計画も両国と日本の関係が悪化したことで暗礁に乗り上げている。

こうした観光面における風評被害の問題は、何も県北ばかりの問題ではない。一部のマイナスイメージが全体のイメージも決めてしまうように、県北のイメージダウンは県全体のイメージダウンにも及んでいる。それゆえ、2012年の県全体での観光客数は、2010年時点のレベルに戻ることはないだろうと予想されている。

実際、栃木県内の宿泊施設の経営状態は近年、どこも芳しくないという。各旅館の経営がもともと苦しかった鬼怒川温泉などは悲鳴を上げ続けているし、原発事故でトドメを刺されてしまった宿泊施設も枚挙にいとまがない。2012年に入って、栃木県の各旅館の女将たちは、風評被害払拭のために、国土交通相と観光庁長官のもとを訪れ、早期の需要回復に向けた対策をしてくれるように求めた。すでに旅館だけの力だけではどうしようもなく、皆で行政に泣きついたかたちである。

栃木を支える主幹産業のひとつである観光の危機はいつ去るのか、現状ではまだ見えてこない。

※　※　※

２０１７年に公表された「平成28年（２０１６）栃木県観光客入込数・宿泊数推定調査結果概要」によると、２０１６年の観光客入込数は約９０９２万人で、前年比較で約40万人増と過去最高を記録した。観光客宿泊数は約８１２万人で、前年から約16万人減少したものの、２年連続で東日本大震災（２０１１年）前を超える宿泊数となった。震災による観光危機は、震災発生から５年近く経過してようやく脱した感がある。

そして現在の栃木県観光を支えているのが外国人、インバウンド需要だ。日光や宇都宮には、台湾や中国を中心に多くの外国人観光客が訪れている。２０１６年の外国人宿泊数は約21万人と、はじめて20万人を突破し、過去最高を更新した。

滝が多い日光周辺で、もっとも有名な滝が華厳ノ滝。高さ97メートルの岸壁から中禅寺湖の水が落下する光景は迫力満点だが、昔から心霊写真の撮影スポットとしても知られている

戦後はたくさんの観光客で沸いた鬼怒川温泉も、往年の賑やかさはすでに見られない。不況などで宿泊客数は減少し、多くの旅館が経営不振に陥り、ずっと暗中模索が続いている

【北関東】3県の真ん中に位置する栃木県の重要性

北関東って呼称になぜかムカつく

被害妄想なのかもしれないが、栃木、群馬、茨城の人たちは、「北関東」という呼称に侮蔑的な意味があるように感じている。

東京や神奈川など都会的な南関東に比べて、栃木・群馬・茨城の北関東3県は明らかに田舎である。千葉や、実は隠れた北関東仲間である埼玉あたりとは、そう大差が無いと思ってはいるものの、関東を南と北であからさまに分けているところに、何かしらの作為が感じられはしないか？　たとえば「関東の北はみんな田舎だから、そこだけグループにしちゃえ！」のような……。実際、北関東と比べて南関東の呼称は一般的じゃない。利根川という大河が境界線になるせいで、南北関東といわれたりするが、北関東3県人からしてみれば、別に南北なんてわざわざ分けずに関東は関東でいいべ、いやもとい、いいじゃん！というのが本音なのである。

改めていうが、北関東を構成する県は栃木、群馬、茨城である（埼玉は別物）。各県民が使う言語も標準語とビミョー（かなり？）に違うし、イントネーションも多少（かなり？）異なっている。だが、いただけないのはこれらの方言がいつしか東北の「ズーズー弁」と一緒くたにされ、北関東も東北の一部（南東北）と認識され、揶揄されてしまうことである。もはや関東内部から切り離され、知らず知らずのうちに違う地域区分に組み込まれていたりするのは困ったものである。北関東人にすれば、「〜だべ」を使う神奈川県民はどうなのよ！と文句のひとつもいいたくなる。

首都・東京を抱える関東は日本の中心だ。そんな派手な地域なのに、「北」がついただけで、どうしてこう地味になってしまうのか。以前、テレビの某番組で、関西人に北関東3県それぞれの位置を当ててもらう、という街頭調査を行っていたが、多くの関西人が間違った解答をしていた（テレビの過剰な演出もあると思うけどね）。しかも、そもそも栃木、群馬、茨城を関東ではなく、東北の一部と勘違いしている人がやたら多かったことが記憶に残っている。そんな西日本人の北関東に対する曖昧な地理感に代表されるように、全国的な知名度がほとんど無い地域なので、地域ブランド調査では北関東3県が、毎年のように最下位争いを繰り広げている。関東なのに一本境界線を引かれるだけで、知られざる神秘の世界になるから不思議だ。「ならもう東京と隣接する県だけを関東っていったら！」と北関東人はぶちまけたいが、だからといって東北と同化する気なんてサラサラない。中途半端な田舎感と都会感が混在する中で、劣等感とプライドを持ちつつ、今ひとつ開き直れないのが北関東人の特徴だといえるだろう。

そのことは北関東の地域問題にも見てとれる。自分を田舎者だと思っている北関東人の、「東京」への憧憬のほどは計り知れない。たとえば茨城の南西部は北関東の範疇でありながら、「東京都市圏」と呼ばれ、南関東化することによって県の北部地域との間に格差問題を発生させた。

群馬に東京都市圏に入る地域はなく、栃木では野木町がかろうじて東京都市圏に入っているが、そうした区分がたとえ無かったとしても、「東京に近いほどエライ」というのが北関東民の不文律である。栃木人の強い東京コンプレックスについては後で述べるが、たとえば小山市民や野木町民は、県都・宇都宮を単なる地方の巨大な田舎都市としか見ていない。それは宇都宮が東京から離れているからという単純な理由がひとつにある(歴史的問題もあるんだけどね)。関東に「北」がつくと、なんとなく格下感を感じてしまうように、栃木・茨城県内でも「北」は格下と見なされる悪しき風潮がある(那須は別物?)。結局、北関東民は東京という存在にいつも振り回されているのだ。

栃木がいるから北関東は平和だ

北関東は約700万人の人口(内訳は栃木が約200万人。群馬が約200万人。茨城が約300万人)を有するほど巨大だが、3県にまたがる内陸型工業地域が形成され、衆議院比例区でも1ブロックにされるなど、何かとひとくくりにされがちである。しかし、今でこそ北関東自動車道の開通もあって、活発な交流も見られるものの、歴史を辿ると、もともとこの3県に強い連帯感があったわけではない。

　北関東は歴史的に見て、今ある3県の地域にそれぞれ分かれるというより、茨城と栃木・群馬のふたつの地域に分かれるという方が正しい。栃木と群馬は同じ国（毛野国）から分割してできた地域であり、ゆえに「両毛」とも呼ばれる。律令制の時代（7世紀後半～10世紀）の地方区分によれば、茨城（常陸国）は東海道に属し、栃木（下野国）と群馬（上野国）は東山道に属していた。

　両地域とも対蝦夷戦線の最前線というのは共通している。しかし、東海道に属していた茨城は上総（千葉）や武蔵（東京、神奈川、埼玉の大部分）といった現在の南関東の仲間であり、海上ルートで都とも密に繋がっていた。しかも親王任国（大国）にもランクされ、東国の中でも格上の国として扱われていたのだ。加えて、江戸期には水戸が徳川御三家のひとつだったこともあって、茨城県民（特に水戸民だが）はプライドが高く、負けず嫌い（短気）だ。だから、勝手に格下だと思っている栃木や群馬とひとくくりにされるのが許せないのだ。

　一方の両毛軍団の栃木と群馬。このうち群馬は、実は茨城と同様に律令期は親王任国に充てられ、都とも強い繋がりがある大国だった。旧来から都に対して強い憧憬を持つ土地柄で、政治の中心が江戸に移ってからは、群馬民の多くは江戸っ子の真似をし、宵越しの金を持たない博徒や侠客が溢れた。そのためか、群馬県民は茨城県民と同様に気が荒いし、気風はいいがメンツにこだわる。似た者同士なので、もしも隣県だったら強く反発し合っただろうが、間に入る栃木が緩衝剤のような役割を果たしているのが大きい。

栃木は律令期の国の格が上国止まり（大国の下）だった。また、東国の仏教文化の中心地ともいわれ、仏教の教えが広く住民間に伝播した影響もあってか、県民の性格は我慢強く、出しゃばらず控え目だ。こうした温厚な栃木が気の荒い群馬と茨城の間にいるからこそ、北関東の平和が保たれているのかもしれない。

道州制が施行されたら栃木の重要度は上がる⁉

しかし、栃木は「北関東の緩衝剤」というだけではない重要なポジションにいる。北関東3県の中央に位置する栃木は、群馬と茨城を結ぶいわゆる「結節点」にあたるため、北関東工業の中心的役割を担っているのだ。さらにそうした地理的優位性に加えて、北関東自動車道を含めた各種ネットワークが充実する県都・宇都宮は、北関東最大の拠点都市であり、商業都市となっている。今や栃木を抜きにして、北関東の商工業は成り立たないといっても過言ではない。

その宇都宮の人口は約50万人。前橋(約34万人)や水戸(約27万人)と比べても、県庁所在地では最大で、北関東でもっとも寂れていない県庁所在地とも呼ばれており、道州制論議では「北関東州」の州都候補にもなっている(他にさいたま、前橋＋高崎、日光など)。一応さいたまが州都の最有力候補となっているが、1990年から国会で議論された首都機能移転問題で最高点評価を受けた地域が栃木である。栃木の北関東のど真ん中に位置するという地理的優位性、既存の行政機関施設を使用できること、高速交通網を筆頭にインフラが整備されていることなどを考慮すれば、その県都・宇都宮が州都になってもおかしくない。

さらにその点でいえば、栃木は北関東という枠を飛び越え、政府機能のバックアップ場所になろうと画策している。国の首都機能移転計画は凍結されたが、

北関東自動車道が2011年に全線開通。従来より3県への交互アクセスが格段によくなり、北関東内での人の動きが活発化。その中間点の栃木には、モノや人がより集積するようになった

東日本大震災が発生したことで風向きが変わってきた。首都圏大地震の危険性が指摘され、政府機能を備えたバックアップ場所建設の必要性が再び論じられ、その中で、移転用地として再び那須が取り沙汰されているのだ。地元政治家たちの、地方活性化を含めて、原発の風評被害にさらされて元気がない県北民への政治的アピールという一面もあるだろうが、こうした野望を持てるのも、首都から北関東まで俯瞰できる栃木という場所の強みに違いない。

※　※　※

「非関東」のような言われ方をされ、田舎臭いイメージを持たれ続けてきた

茨城、栃木、群馬の北関東３県。何かと共通項も多く、似た者同士なのだが、この３県には昔から妙なライバル心がある。特に旧御三家の水戸を県都とする茨城県のプライドが高いせいか、３県をつなぐ北関東自動車道が開通しても、北関東連携はあまり模索されてこなかった。

しかし、２０１４年に宇都宮、高崎、前橋、水戸の４市長が連携策などを話し合う「北関東中核都市連携会議」を設置。以来、都市レベルで地域間の交流・連携策を図り、さまざまな事業を展開しており、２０１８年１月には８回目の同会議が開かれ、インバウンド対策として、動画投稿サイトのユーチューブを使った外国人による４市の動画コンテスト開催も決定した。

ただ、こうした北関東連携がいかに画期的なものであるか、２０１８年に連携会議の意義について聞かれた高崎市長のコメントに集約されている。「北関東で共通してやっていこうというのは新しい視点。横の動線というのは今までになく、共通理解はお互いに深まったと思う」と、北関東連携を「新しい視点」と言ってしまうところに、従来の３県がいかに「近くて遠い存在」だったかが透けて見えてくる。

【インフラ】すべての道は宇都宮に通じる!?

ど真ん中の宇都宮にみんなの足が向く

古くから栃木は東北と関東以西を繋ぐ交通の要衝だった。古代には都を起点にした東山道が当地を縦貫しており、そのため対蝦夷の前線基地になった。中世になると、武家政権の中心だった鎌倉と東北を繋ぐ奥大道が整備され、近世ではこの奥大道が奥州街道・日光街道となり、東北方面への基幹道路となった。この奥州街道・日光街道が近代以降、東京と青森とを結ぶ国道4号線となって、さらに並行して鉄道（東北本線）も敷かれた。現代ではさらに、東北自動車道や東北新幹線といった東北方面への高速交通網も整備された。こうしたいわゆる基幹交通網の変遷を見ても、有史以来、「東北への玄関口」という栃木の位置付けはずっと変わっていない。だからこそ栃木は、「関東の東北」と呼ばれてしまうのだろう。

県の南北を繋ぐ縦貫交通網に加えて、県内の東西を結ぶ横断交通網も発達している栃木。その交通の中心地が県都・宇都宮だ。江戸時代、城下町として賑わっていた宇都宮は、徳川将軍の日光社参の中継点となっていた宿場町で、日光街道と奥州街道が分岐する交通の要だった。その後、廃藩置県の実施で栃木県となると県庁が置かれた（いわくつきだけど）。県の中央に位置する宇都宮は、県都になることで栃木の行政・経済の中心となり、必然的に交通の拠点としての重要度を増していったのである。

宇都宮には、奥州街道と日光街道を継承した南北縦貫道路の国道４号や東北自動車道、鉄道では東北本線という大動脈が通り、さらに県内の四方八方に向けて、交通網が放射状に延びる。「すべての道はローマに通ず」の諺じゃないけれども、「栃木のすべての道は宇都宮に通ず」という宇都宮中心の交通網が栃木県では構築されているのである。

そんな宇都宮の交通網を鉄道から見ていくと、ＪＲは先述した東北本線（宇都宮線と表記すべき?)、東北新幹線、日光線といった具合。路線数は意外に少ないが利用者は多く、2011年度の1日平均乗車人員は3万4023人で、これはJR東日本管内で121位。東京都北区の十条駅とほぼ同じ利用規模だが、北関東3県の駅のなかではトップである。

鉄道は街の発展に大きな影響を与えるが、宇都宮の発展にもっとも寄与した路線は東北本線(宇都宮線)だろう。しかし、現代においては、東北新幹線の貢献度も計りしれないくらい大きい。

宇都宮線は今でこそ湘南新宿ラインへの乗り入れもしているが、ひと昔前は上野が起点であり終点だった(1973年に東京駅発着の宇都宮・常磐・高崎線の特急が上野発着に改められてから)。だが、宇都宮が人口を増やして都市として発展していく上で、通勤者が多く利用する東京駅直通の高速交通の存在も不可欠。そうしたなか、東北新幹線の事業着工は宇都宮にとって願ったり叶ったりだった。1991年に東北新幹線が開業し、従来の特急列車から遠距離通勤列車の地位を引き継いだことで(しかも東京駅行き!)、宇都宮への移住者が増え、工場・企業の誘致にも好影響をもたらしたのだ(もちろん小山もね)。

もしも東北新幹線が着工せず、上野までしか行かない特急列車のみの状態が今でも続いていたら、宇都宮は多くの寂れた地方都市と同じ運命を辿っていたかもしれない。

そうしたＪＲ路線に目が行きがちだが、宇都宮には私鉄も通っている。東武宇都宮線だ。東武宇都宮駅自体、ＪＲ宇都宮駅からかなり離れているので両者の接続性はないものの、壬生や栃木とを結ぶ通勤・生活路線として活躍。２０１０年の１日平均乗降人員は９９８２人。ローカル私鉄としては、かなり大きな規模といえるだろう。

道路は多いくせに渋滞もやたら起こる

対する宇都宮の道路事情は、東北自動車道や日光宇都宮道路、北関東自動車道といった高速道路が利用でき、しかも県内各地へ放射状に延びている一般道に加えて、市街地の外縁部をグルッと一周する宇都宮環状道路（宮環）もある。地図上からは、宇都宮周辺の道路事情は相当に充実しているようにうかがえる。だが、モータリゼーションがかなり進展している北関東である。栃木もその例に漏れず、自動車検査登録情報協会の２０１２年３月現在のデータによれば、世帯当たりの自動車普及台数は全国６位の１・６４１台（北関東３県では2位）と、とにかく車が多い。そうした状況下、宇都宮では、新４号や宇都宮北道路（主要区間の速度規制がなんと80キロ！）といったバイパスや高規格道路が整備されてきたが、その圧倒的な車の量に比べて市街地とその周辺の一般道の整備は不十分といわれ、その証拠に渋滞が頻繁に起きている。まあこれは道路のせいというより、宇都宮への一極集中の弊害と見てもいいだろう。

宇都宮と一線を画す東武王国の県南部

栃木最大の交通要地は宇都宮だが、群馬とほぼ同化している県南の両毛地区は、そうした宇都宮圏とは違う交通網が広がっている。その主役を担うインフラが東武鉄道。東武は宇都宮への路線（東武宇都宮線）の乗り入れもしているが、その基幹路線（本線）といえば、東武伊勢崎線（浅草・押上～東武動物公園までは東武スカイツリーライン）と東武日光線である。

　両毛広域都市圏の中心である足利には東武伊勢崎線が通る。都心を出て埼玉を抜けると、群馬と栃木を交互に抜けて進むので、足利と群馬が完全にボーダーレス状態と化す（群馬にいるのか栃木にいるのか分からなくなる）。都市の繋がりでいえば、群馬の太田とは特に密接な関係を持ち、県都・宇都宮との接点は薄い（足利銀行本店の宇都宮移転はあったけどね）。東武伊勢崎線を使えば、宇都宮に出るよりも埼玉や東京に出る方が楽なため、足利民もあまり宇都宮へ行くことがなく身近な存在にならないのだ。

　一方、足利と並ぶ両毛の代表都市・佐野には東武佐野線が通る。東武佐野線は館林と葛生を結ぶ全長約22キロの路線。佐野も密な関係なのは群馬の館林で、佐野民も足利民と同様、宇都宮が身近な存在にはなっていない。

　足利と佐野には東武鉄道の他に、小山と新前橋とを結ぶＪＲ両毛線も通っている。なので小山や栃木など栃木南部の都市とは接点があるのだが、両毛民はこの両毛線をあまり使いたがらない。足利の場合、両線の駅（ＪＲの足利駅と東武の足利市駅）の間の距離が渡良瀬川を挟んでかなり離れているので、乗り換えが非常に面倒くさいし、使い勝手も圧倒的に東武伊勢崎線の方がいいからだ。また、佐野駅では東武とJRのホームが隣接しているが、本数が少ないのに接続のタイミングが悪く、こちらは双方に対して地元民は文句タラタラである（JRと東武はどこも接続が悪いと評判だが）。

東武路線の最後は、両毛地域の一部を走り抜け、宇都宮を経由せずに日光へと抜ける東武日光線（東武鬼怒川線を含む）の話。東武日光線は、埼玉の東武動物公園駅と東武日光駅を結ぶ東武鉄道の本線のひとつで、国鉄の日光線の競合路線として1929年に開業した。開業時からすでに国鉄と集客を競い合っていたが、昭和30年代になると国鉄が都心から日光へ、観光目的での快速列車を増発するなど争いが激化する。国鉄の攻勢を受けるかたちの東武は、「デラックスロマンスカー」を投入するなどして対抗。激しい集客合戦を繰り広げた。やがて国鉄が東北新幹線開業を契機に、日光線を宇都宮と日光を結ぶ地域路線へと切り替えたことで、この争いに終止符が打たれた。

観光地・日光に向かうだけあって東武日光線はどうしても観光路線のイメージが強い。だが、都心のベッドタウンが広域になるなか、今ではJR宇都宮線

東武日光線・鬼怒川線・スカイツリーラインなど、栃木南西・北西部住民にとって、東武鉄道は日常生活における必要不可欠な足

や東北新幹線と同様、栃木、群馬、埼玉北部から都心方面への通勤路線としての役割が強くなっているのだ。

さて、ここまで栃木の交通網をざっと見てきた。宇都宮圏の交通網と、都心に近い県南の交通網は整備され、県内には新幹線も走り、東北自動車道や北関東自動車道など東西南北を繋げる高速道路も整備されている。一見して充実した交通網に見えるが課題もある。交通網の偏在だ。県全体に目を通すと、交通インフラの未整備地区もまだまだ多く、そうした地域と都市部との交通格差はあまりにも顕著。このあたりの是正も今後の栃木の課題のひとつではある。

※　※　※

ここまで書いてきたように、栃木県の交通インフラは宇都宮を中心に、鉄道でいえば、東北新幹線、東北本線、東武鉄道、道路なら高規格道路として東北自動車道、北関東自動車道、一般道路では国道4号や国道50号など、東西南北へ向けて非常にバランスよく整備されている。

だが、栃木県が関東の内陸型工業地帯の中心地であればこそ、どうしても足りないピースと思われてならないのが「空路」だ。現状、栃木県民や立地企業は空路利用に関して、羽田空港、成田空港、茨城空港、福島空港を使い分けており、意外に不便である。実は空港建設について、県内では任意の民間団体ではあるが、1998年に「栃木国際ハブ空港研究会」が設置され、ハブ機能を備えた空港を宇都宮の南西およそ20キロのエリア（山間部）に建設しようという構想が持ち上がった。もはやその活動は下火となってしまったが、実際のところ栃木県民の多くが、県内に空港を建設することに対して、必要性をまったく感じていなかったという。堅実で保守的な栃木県民にすれば、「栃木国際空港」なんてできても、単なる「金食い虫」にしかならないと思ったたのかもね。

東北本線のうち、上野から黒磯までの区間は宇都宮線の名称で呼ばれる。普通列車は従来からの上野行きと、新宿方面経由で横須賀線に直通し、湘南地域に向かう湘南新宿ラインが運行されている

埼玉県の川口を起点とする日本最長の高速道路・東北自動車道が全線開通したのが1987年。開通により栃木県北部へのアクセスが格段に良くなり、那須地域のブランド価値も高くなったという

栃木県コラム 1

「毛の国」は高校野球がお好き

北関東はスポーツが盛んだが、一般的にそんなイメージは皆無だろう。実際、スポーツの花形ともいうべきプロスポーツをみても、関東には多くのメジャースポーツのチームがあるが、そのほとんどは東京か南関東にあり、北関東で全国区なのは茨城の鹿島アントラーズくらい。栃木はアイスホッケーから自転車競技まで競技も多彩で、栃木ＳＣ（サッカー）やリンク栃木ブレックス（バスケットボール）といった近年躍進しているチームはあるが、いずれも全国区の知名度や人気があるわけではなく、同じことはザスパ草津（サッカー）や群馬クレイン・サンダーズ（バスケットボール）を擁する群馬にもいえる。

ただこの3県、プロスポーツに関しては正直地味だが、アマチュアスポーツはかなり見るべきものがある。なかでも地元民が強くこだわっているのが野球だ。近年は泥臭いイメージの野球よりも、スタイリッシュでかっこいいイメー

ジのサッカーをする子どもたちが増えているらしいが、北関東では子どもに運動神経があると思えば、まず野球をやらせてみるのが王道（伝統？）。息子の甲子園出場に思いをはせ、熱心にバックアップする親も多いのだ。

とくに高校野球熱が高いのが栃木と群馬。しかもここのところこの両県、代表校の調子も良く、過去10年（２００９年〜２０１８年春）の甲子園成績はなかなかの好成績。栃木は２０１６年に作新学院が選手権に優勝。２０１４年のセンバツで佐野日大、２０１１年の選手権では作新学院がベスト４入りしている。１９６２年の作新学院の黄金期（史上初の春秋連覇）には及ばないが、一時の低迷期を脱出したと見ていいだろう。一方の群馬は

2013年の選手権で前橋育英が優勝。2012年のセンバツで健大高崎が初出場でベスト4入りを果たした。その健大高崎は「機動破壊」ともいわれる超積極的な走塁で、全国にその名を轟かしている。

ちなみにこの「機動破壊」しかりで、高校球界に革命をもたらすような戦術は意外と北関東から生まれている。茨城の名将・木内幸男は取手二高の監督時代、プロでもやっていなかったワンポイントリリーフを駆使し、甲子園でKKコンビ擁するPL学園を倒して優勝した。以来、ワンポイントリリーフは高校野球における戦術のスタンダードになったといわれている。このようなトリッキーで常識を超える戦術が北関東から生み出されるのも、かつて弱小エリアといわれていた北関東の下剋上精神が要因なのかもしれない。

スポーツ（とくに高校野球）は「地域の代理戦争」ともいわれる。栃木や群馬で高校野球がやたら盛り上がるのも、地域間のライバル心が強いことが挙げられる。これからも熱い戦いが繰り広げられていくだろう。

第２章
栃木気質の
ディープな世界

地味で郷土愛も希薄な栃木県民ってどーなの？

朴訥で真面目な男性と明るくて気さくな女性

東京の近県、一応首都圏の仲間なのに日本一存在感の薄い県と揶揄されている栃木県。そういわれるくらいだから、栃木県がどういうところなのか理解している人は全国的にそう多くない。とすれば、栃木県民についても同じことがいえるだろう。知り合いでもいない限り、どんな県民性なのかを理解している人はそう多くないはずである。つまり、一般的な視点で見れば、栃木というところは、かなりミステリアスな県と県民だということもできる。

では、その秘境（失礼！）栃木に住む県民はどういった人種なのか？

一般的によくいわれているのは「地味」だということ（足利など両毛地域に

はびこっているヤンキーは別物だろうけど）。地味というだけではあまりにも曖昧すぎるので具体的に説明すると、男性の性格は、真面目、堅実、話し下手、シャイなど、う～ん、かなりネガティブである。

一方の女性の方はというと、明るい、行動力がある、男勝り、気さく、大雑把といったように、男性に比べるとかなりアクティブだ。つまり、栃木県民が地味だというレッテルを貼られた原因は、男性にあるといっても過言ではない。よくこれで「街コン」なんて生まれたな、と思ってしまうが、街コン自体がそうした地味系男子のための窮余の策と考えれば、なるほど納得もできる。

実際、栃木出身の有名人の例を挙げてみると、男性ではU字工事、つぶやきシロー、ガッツ石松、斉藤和義など、女性では大島優子、大島美幸（森三中）、山口智子、平山あやなど。実際の本人の性格まではわからないので完全に筆者の主観となるのは申し訳ないが、こうして挙げた人たちの雰囲気を見るにつけ、前記した男女の県民性もあながち間違っていない感じを受けてしまう。特に男性陣は地味で朴訥な感じのキャラが多く、栃木男性の特徴が見た目によ～く出ているような気がする。

だが、これは何も栃木人（特に男性）の県民性を揶揄しているわけではない。朴訥としていて真面目で堅実でシャイなんて、華やかさこそまるでないが、ななかなか「いぶし銀」である。「話し下手」は癖のある方言のせいでそう思われているフシがあるようだし、とっつきにくいというのはイメージだけで、付き合っていくと良さが出るともよくいわれる。例えるならまるでスルメのような県民性ということもできよう。本音や本心が相手にすぐ伝わりづらいので、第一印象が悪くなりやすいのが玉に傷だけどね。

女性の県民性にしても、もし男性と同じような県民性を持っていたとしたら、おそらく県全体がどんよりと暗く沈んでしまうに違いない。男性が地味で暗い分、逆に明るく、行動力があり、気さくで大雑把なことで、うまくバランスが取れているのだろう。

地元愛はあるけど郷土愛はイマイチ

そうした栃木人の堅忍不抜を基本とする気質は誇るべきものだが、その一方で郷土に対する愛情が薄いともいわれている。

歴史を振り返ると、近世以降、栃木（下野）では農業生産が振るわず、そのため人口が減り、庶民や農民の生活は我慢の連続だった。地域社会が豊かでなかったために、栃木人は保守的で消極的になり、さらに我慢強い気質（女性はその分明るく！）を備えていったのだろう。その一方で、栃木は小藩に細分化され、領主支配が錯綜していた歴史もある。そのため、下野国、あるいは栃木県といった大きなまとまりよりも、地域（郡や市町）での連帯感が強くなった。栃木人は地元意識や地元への愛着はやたら強いのである。しかし、それが郷土（栃木）愛に結び付きづらい。だから栃木人は郷土愛が希薄だといわれるのだ。

そんなネガティブな栃木人の極みは「自虐的」なことだろう。虐げられてきた歴史に原因があるのか、自ら（郷土）に誇りを持てない人が多く、自県をことさら自虐的にいうことで自己保身に走っているように感じる。「どうせ栃木は○○だから」と、まず自分たちを低いポジションに置いて目立たないようにする、という下手に出る癖は、広くいえば北関東の他県にも見られるが、ことさら栃木で強いのではなかろうか。

栃木県の県民性

男性	女性
真面目	真面目
堅実	明るい
世渡り下手	芯が強い
話し下手	行動力がある
慎重	男勝り
お人よし	大雑把
シャイ	気さく
積極的でない	気配りに欠ける

※各種資料より作成

だが、いくら自虐的で忍耐力が強い栃木人でも、我慢の限界が来れば爆発する。そうなると人一倍恐ろしくなる（暴走する）のも栃木人の特徴だ。何事にも振り幅が極端なことから「二面性」が強いという人もいるほど。実は地味だけで片付けられない複雑な心理構造を持っている栃木人。なるほど、こりゃミステリアスである。

著名な観光スポット多数！ でも栃木感が超薄弱のなぜ

観光地が有名過ぎて県名が置き去りに!?

世界遺産の日光山内や、国内有数のリゾート地の那須高原、数多ある名湯、子ども向けのアミューズメントスポットに、女性が大喜びの巨大アウトレット、冬はスキーで秋は紅葉見物、さらには著名なB級グルメも目白押しと、老若男女が楽しめる観光・レジャースポットが「これでもか！」と存在している栃木。けれども、「これらの観光スポット＝栃木県」という方程式が今ひとつ成り立っていないのが、栃木の辛いところといえるだろう。

そもそもどうして栃木の超有名観光地には、「栃木感」が希薄なのか？　たとえば「日光東照宮」は「栃木県の日光東照宮」ではなく、あくまでも日光の東照宮として世間一般に認知されている（それより世界の日光東照宮という方が正しい？）。まあ、日光は観光スポットとしての知名度が格段に高いので、「日光＝栃木県」と理解している人は全国的にもそれなりに多いが。また、那須高原にしても、「栃木県の那須高原」というより、あくまでも「那須」なのである。結局、日光も那須も同様なのだが、スポット自体が有名過ぎると、その地名だけが独り歩きして、大枠である県がどこかへ置き去りになってしまうのだ。

さらに、2003年の開業以来人気の佐野プレミアム・アウトレットは、栃木感が超ビミョーだ。佐野という地名こそラーメンなどで知っているものの、遠方からわざわざ来る人は、この場所が群馬か栃木かよくわかっていなかったりする。ちなみに筆者が当地を歩いて耳に飛び込んできた会話が「これからどこ行く？」「栃木のほうに行ってみる？」だった。この栃木は「栃木市」ともとれるけれど……。さすが群・栃ミクスチャーの両毛といったところだろう。

観光地の栃木感の希薄さは県民性にも原因がある

こうした事象は、観光スポット自体のべらぼうな知名度の高さと、栃木県のべらぼうな知名度の低さが引き起こした悲劇ともいえる。県では「栃」の字が難しいからと、ひらがなで「とちぎ」と記すことも多くなったが、だからといって県の知名度が格段に上がるわけでもなく……。それに、この事象には、栃木の県民性が影響しているようにも感じるのだ。

栃木人といえば県に対する愛着が希薄だ。しかしその一方で地元愛は超強力である。なので、地元の観光スポットについて、栃木県よりも地元名を強くプッシュしがちで、我が町自慢も大好きなのだ。

それより何より、栃木人が正々堂々と栃木県出身を名乗らないこともまた問題だろう。栃木人は出身地を聞かれて、宇都宮、足利など都市名で答えることが多い。つまりこれは、「栃木」にコンプレックスを持っていることの裏返しである。同様のことは茨城にも言え、もし両県民の思考が一緒だとすれば、その理由は「自己紹介で県名を言うと田舎者に思われるから」。都市名ならば、

大正期に那須御用邸が建てられ、リゾート地としてのステイタスも高い那須高原

田舎臭さが多少ボヤかされるとマジで信じていたりするのである。

あまりにも有名で名前が独り歩きしている観光スポット。そして栃木という名前を普段からあまり使いたがらない県民性。こうした要素が絡まり合って「栃木感」が希薄化している観光地。こうなったら栃木県の観光は、「蔵の街」をアピールしている栃木市にがんばってもらうしかない⁉

栃木県の主な観光地

名所・旧跡
日光東照宮、日光二荒山神社、日光山輪王寺、いろは坂、足尾銅山、足利学校、宇都宮城など
自然景勝地
日光杉並木、華厳の滝、中禅寺湖、戦場ヶ原、那須高原、湯の湖、霧降高原など
アミューズメント
日光江戸村、東武ワールドスクウェア、那須ハイランドパーク、那須どうぶつ王国、りんどう湖ファミリー牧場、鬼怒川ライン下り、なかがわ水遊園、おもちゃのまちバンダイミュージアム、那須ガーデンアウトレット、佐野プレミアム・アウトレット、陶芸メッセ・益子、いちごの里など
温泉
塩原温泉、鬼怒川温泉、川治温泉、湯西川温泉、那須温泉、奥日光湯元温泉、川俣温泉など

茨城弁とは似ても違う!?
奥深い栃木弁

一口に栃木弁といっても地域によってさまざま

U字工事が栃木弁全開で漫才をしたとしても、茨城県民はなんとかそれを「通訳」できる。栃木弁と茨城弁は共通項もけっこう多いし、たとえ茨城県民が普段使わない単語を使われても、聞けばなんとなく意味はわかってしまう。栃木（両毛地域を除く）も茨城も方言の分類では南奥羽方言に属する（東関東方言という人もいる）。この方言の分類は福島も同じで、無アクセント地域とも呼ばれ、「橋」と「箸」や「型」と「肩」をアクセントで区別することがない。だから、栃木も茨城も福島も言葉が似通って感じられるのだ。

ただ、似ていてもそこは県というコミュニティーの大きな違いがあるから、イントネーションも多少違っていたりするし、聞く人によっては「全然違うべー」となる。さらに栃木弁は地域によっても違う。たとえばU字工事は県北出身なんで、単語の二音節以下のカ行やタ行が濁音化するが、それを聞いた別地域の人は違和感を感じることがある（芸人なんで訛りを強調しているしね）。県南は東西で言葉が違い、東部の方言は茨城弁の影響があって早口で言葉も汚いが、西部の両毛地域の方言は、そもそも栃木弁ではなく、たとえば足利の言葉には、栃木弁に無いアクセントもちゃんと存在する。

ただこうした栃木弁も、使う県民が以前より少なくなってきたといわれている。東京への憧憬もあり、都市部の栃木出身の若者は栃木弁を田舎臭い言葉と見なして使わないケースも多い。とはいえ、自分は標準語をしゃべっている気でいても、実際には栃木弁が抜けていなかったりするのだが。

県民が標準語と思ってしゃべる栃木弁の数々

標準語をしゃべっていると思っていても、思わず出てしまう栃木弁が「だいじ」だ。標準語では「重要な」のような意味があるが、栃木弁では「だいじ」を「大丈夫」の意味で用いる。たとえば風邪をひいた相手には、「だいじか？」（さらに訛っていると「だいじけ？」）と聞く。また「うら」も話すと思わず出る言葉。栃木では「後ろ」のことを「うら」という。「車のうらに乗る？」は「車の後部座席に乗る？」という意味。「うら」は先端の意味もあって、「棒のうら」は「棒の先」。先端は「先っちょ」という表現も用いるが、どちらを使っても意味は通じる。さらに、小さな「っ」も「明日っから」「今度っから」など、栃木人の標準語会話の中に知らず知らずに入り込む。

それに標準語を無理にしゃべろうとすると、イントネーションが栃木弁になりやすい。栃木弁の会話は尻上がり調だ。というのも、方言が無アクセントだと、会話のなかに感情を入れづらい。そこで聞き手に対して感情を表すという意図もあって、自然と尻上がり調になるようだ（緊張して丁寧に話そうとすると余計尻上がり調がひどくなる）。このあたりは敬語がほとんどない栃木弁の弱点かもしれないが、標準語を意識すればするほど尻上がり調の罠に陥り、バイリンガルへの道は遠くなる。

現在も使われているであろう栃木弁リスト

栃木弁	標準語	栃木弁	標準語
そんで	それで	ぶすくれる	ふてくされる
そーすっと	そうすると	むれる	漏れる
おったまげる	びっくりする	めっけ	見つけた
おっとばす	追い払う	いんない	いらない
おっこす	追い越す	おっかない	怖い
つっきる	道路を横切る	こわい	疲れた
おっかく	物を折る	～け？	～ですか？
ぶっかく	堅いものを壊す	したっけ	そうしたら
ひんぬく	引き抜く	しゃあんめえ	仕方ない
でっとき	出るとき	なびる	なすりつける
みさっせ	見てください	いきあう	出会う
いがっせ	行ってください	おわす	終わらせる
おめ	あなた	がめる	盗む
らいさま	雷	てばたき	拍手
～なんしょ	～ください	きのうおととい	一昨日
だいじ	大丈夫	ぶつ	打つ
うら	後ろ	きかない	元気がいい
くさる	濡れる	よこはいり	割り込み
むせー	持ちが良い	えんがみた	酷い目にあった
とうとう（とうと）	しょっちゅう、ずっと	いじくる	触る
あったらもん	貴重なもの	おらんげ	自分の家
～なえ	～ね	～っつう	～という
えー仕事	共同作業	しこる	かっこつける
洗いまて	食器を洗う	かんます	かき混ぜる
けさこっこ	こおろぎ	やげっぱだ	火傷
しみる	寒い	おにむし	クワガタムシ
こっつぁむい	とても寒い	おしゃんこらして	正座して
おりき	霜柱	もってすけて	持って助けて
あめんぼー	氷柱	ぎんがみ	アルミホイル
でーこん	大根	よばれる	いただく
ごじゃっぺ	いい加減	ちんたら	だらだら
でれすけ	馬鹿	まさか	さすが
いじやける	イライラする	～はぐる	～しそこねる
いってみる	帰る	～じゃあんめ？	～じゃないの？
ちがかった	違った	～っぺ、～んべ	～しよう
はかいく	はかどる	おおやだ	びっくりした
ひく	敷く	こしゃう	作る

※挙げたのは栃木弁の一部。栃木県内でも方言に地域差があることをご了承ください

表向きは冷静でも内面はドロドロの栃木の南北対立

存在感の薄い栃木は地域間の対立も地味

栃木の南北対立を語る上で、栃木の南北の境界線をどこに引くのか？　県南と県北についてはハッキリしている。しかし県央の宇都宮は地理的に見れば南でもいい。しかし、歴史の因縁もあるから、宇都宮を県南に入れるわけにはさすがにいかない。車のナンバープレートも北部が宇都宮と那須で、南部はとちぎだから、やっぱり宇都宮はどう考えても北の仲間、しかも首領扱いがふさわしい。

宇都宮を含めた県北と、ほぼ群馬化している両毛地域と旧都・栃木を中心にした県南の対立は、たとえば茨城のような「南北問題」や、長野県のような「南北戦争」といったように、派手に喧伝されているわけではない。栃木らしくジミ～にバトっている。

たとえば栃木市民や小山市民は、宇都宮を県の中心都市とはどうしても認めたがらない。さらにその北なんて観光と農業だけの田舎としか見ていない。栃木市には栃木県の旧県都だった歴史があり、宇都宮に対しては盗人猛々しいという思いを栃木市民はしつこく持ち続けている。一方の小山市は、県内第2の都市にまで成長した勢い（新幹線の停車駅でもある）があり、かつわざわざ「栃木で東京圏にもっとも近い市町」なんて看板を掲げている（野木の存在はどこに行った？）。小山市民も宇都宮に優越感を……というか、県南の各市町は宇都宮よりも場所柄、東京や埼玉が身近なため、宇都宮に対して「あんまり行かない（足利民）」、「餃子だけ（小山民）」と、県都にして単なる田舎の巨大都市ぐらいにしか見ていないのだ。

一方の県北からの視点だが、宇都宮市民は自意識過剰で県南各都市に対して上から目線。また、那須御用邸があることでアッパーな意識を持っている那須民などは、都会の気風と群馬のガラの悪さがミックスされた県南とは付き合いづらいと感じている。さらに、足利なんぞはハナから栃木と認めていなかったりするのである。

茨城の南北問題は、東京のベッドタウンとして開発進む県南と、衰退著しい県央・県北の格差に起因していた。しかし、栃木も東京に近い県南が発展しているのは同様だが、宇都宮が水戸のような脆弱な県都でなく、プライメイトシティであるために南北格差が出にくいというのは先にも述べた。

栃木の南北対立の背景には、生活習慣・文化・言葉などの違いはあるが、やはり大きいのは歴史だ。ふたつの県をひとつにまとめたため、お互いの地域に対して同胞意識というものが芽生えにくい。つまり、栃木の南北対立は地域感情の対立であり、地味かつドロドロと鬱憤を募らせているのだ。

現状、具体的に南北の格差や対立は顕在化していない。しかし将来、県南の自治体が万が一ひとつにまとまり、宇都宮に比肩する大都市圏が誕生したら、溜めていた鬱憤が一気に噴出して激しい対立が起きる可能性もある。県南がまとまらずにバラバラのまま、宇都宮とそれ以北に対して、優越感を持っている現状が、平和を維持しているのかもしれない。

栃木市を中心とする県南民にすれば、県庁を持っていかれた宇都宮に対抗心はあっても、もはや街の規模の差は如何ともし難く……

かつて県庁があった栃木市はレトロな街並みが魅力だが、街の発展に関しては近隣の小山や佐野に完全に置いていかれている感じ

東北は絶対イヤっ！首都圏にこだわる超東京コンプレックス

栃木に東京が溢れている⁉

　宇都宮市内を歩いていると、東京と関連した（してそうな）名前や施設がやたらと目に付く。

　二荒山神社のお隣には市民プラザの「うつのみや表参道スクエア」がある。表参道の向かいがパルコだから一瞬「ここは渋谷か？」と東京の既視体験も可能。さらに東武宇都宮駅そばには、さすがに１０９は置けないのか、１０９ならぬ「ニュー１０８」という商業ビルもある（昔は宇都宮にも１０９があったけどね）。ユニオン通りはなんちゃって下北風だし、レストランや飲み屋、風俗店も、六本木や渋谷、新宿という東京の歓楽街の名前を用いた店名がけっこう多い。家具店では「東京インテリア」もあるし、道路では「東京街道」なんてのもある。しかもその道は不動前から池上町交差点に続いているらしく、まるで東京⁉

まあ、道路については東京から続く国道4号（旧国道4号）の一部だから、東京が付くのも分かる気がするが、それ以外はなんとなく東京風の名称を用いて、集客を図ろうという思惑がプンプンする。というのも、宇都宮も含めた栃木全般で、東京や東京を連想させる名前は、こちらが考える以上にアピール力があるという。

どうして「東京」がこんなに人気なのか？　それは栃木人にとって東京は「憧れの地」そのものだからである。しかし北関東では同じく茨城人も、少なからず東京への憧憬は持っている。ローティーンからハイティーンにかけて、ちょっと背伸びがしたくなる時期は、わざわざ渋谷や原宿まで遠出するし、老人は三越や伊勢丹、高島屋なんて東京の一流百貨店にからきし弱いときている。しかしそれら北関東他県と比べても、栃木人の度を越した東京愛は凄まじいばかり。そこには東京への強いコンプレックスが介在しているのだ。

東北＝田舎という短絡的な固定観念

栃木は古来から東北の玄関口として機能してきた。県内には東北自動車道、東北新幹線、東北本線など東北と関東を繋ぐインフラが整備されている。だからだろう。群馬も茨城も東北（福島）と接しているのに、栃木人はもっとも東北感が強いのは栃木だ、と考えている。だがそれは実は栃木人の思い込みだったりするわけで、茨城だって、栃木に負けず劣らず周囲に南東北視されている。

そうしたネガティブ思考は自虐的な栃木人ならではだろう。そんなわけだから、東北本線の上野～黒磯間を宇都宮線の名称に変えたり、なんとか東北感を希薄にしようと躍起になる（だから湘南新宿ラインの乗り入れは大喜び！）。

とにかく栃木人の目線は南向きに一方通行である。あくまでも中央志向なのだ。しかも自分たちが関東の一部だと周囲にアピールしなければ、本当に東北扱いされると気を揉んでいるから、栃木ではたとえ冗談でも東北呼ばわりは禁句。言えば我慢強い栃木人の怒りの導火線に火を点ける結果となる。

ホントここまで東北を毛嫌いするのもどうかと思うが、訛りを恥ずかしいと

県内には湘南新宿ラインが乗り入れる。田舎というコンプレックスがある栃木の若者にとって「湘南」と「新宿」は甘美な響きである

考える若者が増加していることも踏まえ、田舎臭いことをことさら忌み嫌う風潮が蔓延しているのは問題だろう。でも、田舎コンプレックスの発露でミーハーになるのはわかるが、そんなに心配しなくても、栃木が北関東だということに変わりはないんだけどねえ

※　※　※

下野新聞のホームページに興味深い記事（2018年5月20日付）があった。法政大学でキャリア心理学を研究している准教授の分析によれば、就職を控えた栃木県出身の大学生が認識する「地元」には埼玉や東京も含まれ、近県の学生よりも広い範囲を指す可能

性があるという。その一方で栃木県は近県から通う学生から「地元」と認識してもらえていないそうだ。栃木の学生（若者）の目は他県に向き、他県の学生（若者）の目は栃木に向いていないということらしい。

要は栃木から通学している、栃木を出てひとり暮らしをしている埼玉や東京を第2の地元と認識する人が、栃木人に多いという話なんだろうが、北関東というくくりで見れば、こんなことはいわば当たり前の話で、茨城と群馬の若者も意識はさして変わらない。おそらく北関東人は地元以外の2県（栃木県なら茨城県と群馬県）の学校に行っても、そこを第2の地元と思う人は少ないだろうし、こうした意識の根底には東京（埼玉はより東京に近い）への憧憬がおそらく多分にある。ただ、こうした意識はUターンに悪影響を与えそうだが、栃木って実は雇用状況がすごくよくて、埼玉なんかよりはるかにUIターン向きの県って言われているんだけどなあ。

栃木県民の東京愛（コンプレックス）

東京と名のつく、あるいは東京の名所をもじった企業やビル、スポットがやたら多い
東京のデパートのブランド力が激高
宇都宮のキャバ嬢の自慢は東京に友だち（元彼含め）が多いこと
JR 東日本管内では栃木県→東京への移動がもっとも多いという噂がある
東京ならではのお土産（特にスイーツ）にやたらと目が無い
東京人にどこ出身と聞かれて県名を言わない
茨城の海よりお台場の海に超憧れている
「東京スカイツリーに行ったことがある」が自慢
県民性に二面性があったりするので、「東京に憧れていない！」と声高々に言っているやつほどものすごく東京を意識している
東京との間にある埼玉のことが大嫌いだ

※取材などの独自調査より作成

うつのみや表参道スクエア。確かに二荒山神社の参道にあるから表参道なんだろうが……

県民の世渡り下手が原因？企業が育たない栃木

コジマの凋落に栃木人も納得!?

2012年の5月、家電量販店の雄にして、栃木の地元企業であるコジマの株式の過半数を、ビックカメラが取得するという報道があった。この報道がされた時点で、まだコジマの内部は揉めていた。筆頭株主でもあり創業家一族の小島章利会長が、この提携計画に反対していたからだ。しかし、従来のままでの経営改善は如何ともし難く、結局予定通りに提携が進み、同年6月にビックカメラの子会社となった。ビックカメラは都心の家電量販店のイメージがあるが、発祥地は群馬県高崎市。これまでヤマダと仁義なき抗争を繰り広げてきたコジマが、同じ群馬の別勢力の軍門に降ったというのは、何とも皮肉な話である。

コジマ凋落の原因には、地デジ化と家電エコポイント特需の反動による売り上げ不振などが取り沙汰されている。だが、そもそもリーマンショック時にすでに一度経営危機に陥ったように、もともと長期的な市場展望と、他社との業務提携なども含めた柔軟な対応に欠けていたという見方もある。旧来のビジネス方針からの転換がうまくできなかった旧経営陣の責任を問う声も多いのだ。

こうしたコジマの凋落を見て、「やっぱり栃木の企業だったなあ」と、あきらめにも似た自虐的なコメントを発する栃木人も多い。「商売下手」とされる県民性の栃木から生まれたコジマ。一時でも業界日本一になったコジマに、栃木人は普段持ちえない自信と、他県に対する優越感を強く感じたものだ。それゆえ、その凋落に大きく失望した。だがその反面、納得していたりもする。

栃木人には商売に適した武器がある

どうして栃木人は商売が下手だといわれるのか？　それは栃木人の保守的で消極的な性分に由来している。世渡り下手で、なかなか自分を出さないから営業やアピールも下手くそ。相手への第一印象も悪く、信用を得るのに時間がかかるなど。そうした点が商売に向かないといわれている。ただ、真面目で実直なので、商売が軌道に乗れば安定するともいわれる。まあ、商売っ気が超強い関西人気質と比べれば真逆だし、実際、栃木人も自分たちが商売に向いているとあまり思っていない。

栃木には元気寿司やカワチ薬品など、それぞれ業界大手の企業もあるが、地元企業の多くは知名度が高くなく地味。我が道を行く感じで大人しい。地元企業が商売っ気を強く出さないので、スーパーなどの小売店は他県の企業（群馬のベイシアなど）の進出が目覚ましい。さらに、栃木人は郷土愛が薄く、ことさら地元企業を優遇するわけでもない。そうした素地が栃木にあるから、地元企業は他県の企業に商圏を奪われる。

だが、こうした栃木の消極的な県民性を打破して、一石を投じたのが先のコジマじゃなかったか。ラジオ部品を細々と売っていた町の電気屋をルーツに巨大企業に成長したコジマ。その創業者の功績を見ると、栃木人の実直さで、地道に着実に周囲の信用を得ながら会社を大きくしていったように思える。そしてその後、ヤマダやケーズと北関東家電戦争を繰り広げたのは、創業者の企業家としての野心はもとより、郷土の誇りを守る気持ちもあったのではないか。三社がお互いの商圏を守るべく戦ったのが北関東家電戦争であり、コジマが栃木県内の商圏維持に躍起になったのは、栃木企業のプライドであったとも考えたい。ただ、変化を好まないのも栃木人。コジマが旧来のビジネスモデルから脱皮できずに失敗したのはいかにも栃木らしいが、コジマは栃木のアイデンティティを守るために戦っていたといえる。

思考の柔軟性が求められる時代だけに、旧体質の栃木人には商売がしづらい時代かもしれない。しかし、真面目で実直、さらに律儀という強い武器を持っている栃木人は、決して商売に不向きではないような気がする。今後、栃木の長所を内包した、コジマさながらの「前に踏み出す企業」の出現に期待したい。

※　※　※

栃木県は製造業が県経済を牽引している「ものづくり県」である。製造品出荷額の比率が県内総生産のおよそ3分の1を占め、さまざまな産業がバランスよく集積しているのも栃木の特徴で、とくに自動車・航空分野、輸送機械分野、医薬・医療関連分野に強みを持っている。そしてこれら製造系分野では、大企業からその下請け、さらにニッチな中小企業まで、多くの企業が県内に立地し、相当数の雇用を生み出しているわけだが、こうした企業の下でコツコツ、黙々と働くことに栃木人は長けている。しかし、栃木人はもともと攻めっ気（成り上がり根性のようなもの）が足りないのか、経営する側にはあまり立ちたくないようである。

２０１７年の帝国データバンクの全国倒産集計によると、栃木県の倒産件数（２０１６年）は１３６件。この数字がどの程度のレベルかというと、リーマン・ショック直後の２００８年に匹敵する数字だというから驚きだ。さらに問題なのは、どうやら県内のオーナー企業のおよそ3分の2が後継者不在に悩んでいるそうだ。社長の高齢化と後継者難はかなり深刻で、法的整理はしないまでも休廃業や解散に追い込まれる企業が今後高水準で発生する可能性があるという（実際に２０１６年は休廃業が前年比で20パーセント増加した）。

業種によっては将来的に不安もあるのかもしれないが、後を継いで会社をさらに大きくしようという気概がもっとあってもいいのでは？

宇都宮の東武宇都宮百貨店は、東武グループではあるが、池袋の東武百貨店とは別会社の企業だ

栃木地盤のドラッグストアチェーンのカワチ。ドラッグストアながら食品が充実しているのが特徴

子どもの学力が低い！ただいじめは少ないってホント？

学習姿勢が受け身の子どもが多い

北関東は田舎だから学歴差別が厳然と残っている。といっても単純に大学へ入れればエライという話ではなく、より価値が高いのは地元でもっとも頭のいい県立高（伝統校）から国立大学に進むこと。これが絶対的なエリートコースとなる。栃木県でいうと、男子は宇都宮高校（以下：宇高）、女子は宇都宮女子高から国立大学（旧帝大か、地元なら宇都宮大学）がエリートコースではあるが、とりあえず宇高に入学した時点で、地元じゃそんじょそこらの大学に行くよりよっぽど尊敬される。また、私立高については、作新学院に偏差値がべらぼうに高い特進クラスはあるものの、地元民（とくに古い世代）には県立∨

私立という意識が根強く残っているため、どんなに頭脳明晰な学校であっても格付けは一枚落ちてしまう。

さて、その栃木の最高学府ともいえる宇高はその昔、全国でもトップクラスの東大合格数を誇ったものの、その数は10人程度で推移するようになり、地元では低迷と騒がれもした。しかし、近年では２０１５年こそ10人の合格者にとどまったものの、２０１４年は21人、２０１８年は16人とかなり持ち直してきている。しかも２０１８年の東大合格者数は、北関東内の最大のライバル高である茨城の土浦一高（15人）、群馬の前橋高（14人）にわずかだが勝利し、宇高復権を強く印象付けている。ただ、宇高を筆頭に高校はいいとしても、栃木の中学以下の学習状況については、あまり笑えない状況となっている。

２０１７年８月に文部科学省が発表した「平成29年度全国学力・学習状況調査」によると、栃木の小学生（公立）の国語（Ａ・Ｂ）の平均正当数の合計が16・３で全国29位。同じく算数（Ａ・Ｂ）の平均正当数の合計が16・７で全国28位。一方、中学生（公立）の国語（Ａ・Ｂ）の平均正当数の合計は31・２で全国27位。同じく数学（Ａ・Ｂ）の平均正当数の合計は30・３で全国25位となっている。いずれにしても成績は全国で中の下あたりに位置する。

ただ、小学生に関していうと、たとえば5年前（2012年）の成績（全教科の平均正当数の合計）は全国39位だったので、だいぶ改善はされている。対して中学生の同年の成績は全国26位だったので、こちらの方はあまり変わり映えしていない。

栃木県の子どもの学力が全国上位に食い込めない要因に挙げられているのは、「学習姿勢が受け身」ということだ。栃木県の子どもは学習態度こそ真面目だが、自発的に学ぼうというより、やらされているだけというタイプが多いという。栃木の県民性の問題といえなくもないが、何にしても学習意欲の不足は否めないことから、周囲の大人がいかにして子どもに学ぶことの楽しさや必要性を教えてあげられるかが課題となっている。

いじめの認知件数で全国ワーストだった栃木

また、栃木の教育現場の問題といえば「いじめ」がある。栃木は県内の公立学校で発生したいじめの認知件数が、１９９８年から7年連続で全国ワースト1位だったのだ。しかしその後、栃木のいじめの認知件数はみるみる減っていく。２０１０年には、北関東3県での比較で栃木のいじめ認知件数はもっとも少なく、１０００人あたりの認知件数では群馬の半分だった。ただ、このデータはどうも胡散臭い。もちろん教育現場の努力で多少の効果はあったとは思うが、大幅な改善を単に努力の成果とするのはいささか都合がよすぎる。

おそらくいじめが減少した裏には文部科学省による学校評価システムの導入が影響しているはずだ。２００６年、文部科学省はいじめの定義を「当該児童生徒が一定の人間関係のある者から心理的、物理的な攻撃を受けたことにより、精神的な苦痛を受けたもの」と曖昧かつ限定的なものにし、学校をよくするためにと学校評価システムを導入し、その評価が低いと現場（校長や教育委員会）はその経営能力を問われることになった。そのため、学校は先の基準の曖昧さをいいことに一般的に見たらいじめであっても、それをいじめとして報告しないというケースも多くなった。いじめのニュースで、明らかないじめにもかかわらず、校長や教育委員会がよく「いじめと認識していなかった」とコメントするのはこのせいである。

現在の文部科学省の調査を見ると、都道府県によっていじめ認知件数の振れ幅は非常に大きい。そこには各都道府県の教育現場のいじめへの向き合い方（現実をどれだけ受け入れているか）がそのまま表れているといってもいいだろう。

翻って2017年に文部科学省が公表した「児童生徒の問題行動・不登校等生徒指導上の諸課題に関する調査」（速報値）で、栃木のいじめ認知件数を見てみると、1000人あたりの認知件数は19・9件。これは全国で20位にあたる数字である。これを多いと見るか少ないと見るか……ただワースト1・2の京都府の96・8件、宮崎県85・7件で、このようないじめの数の偏りはやはり考えづらく、やはり現場から真っ正直にいじめの報告が上がってきているとは言い難い（栃木だけの話じゃないけどね）。

ただ、最後にひとつ言っておきたいのは、正直な報告と厳格な対応が子どもの命を救うということである。

一応、宇都宮大学が栃木の大学における最高学府だが、現状で宇都宮高校から入学してくる学生は少ない

自宅での学習時間が少ないという栃木の子ども。自発的にやることが苦手で塾に通う子も多い

栃木県コラム 2

天災に備えた二宮尊徳

二宮尊徳（金次郎）は、江戸時代後期、荒廃した農村の復興するために尽力した農政家だ。二宮金次郎と聞いてすぐに思い出すのは、学校の怪談……ではなくて、よく学校の校庭や門の近くにあった、薪を背負って歩きながら本を読んでいる少年・二宮金次郎の像である。この二宮金次郎の姿は明治時代の国定教科書に掲載され、昭和になってから「模範的な少年像」として、全国の学校に像が建てられることになったのだという。

さて、その二宮尊徳を栃木出身の偉人だと思っている栃木人は案外多い（実は小田原の出身）。というのも、尊徳が小田原藩主・大久保忠真に下野国桜町領（栃木県旧二宮町周辺、現在の真岡市の一部）の復興を命じられて、１８２３年に桜町陣屋に赴任し、以後15年間にわたって桜町陣屋で暮らしながら用水路や堰や橋の改修などを行ったからである。その滞在期間で、尊徳がどんなに

農政改革の成果を上げ、農民に感謝されたかは、尊徳が復興させた地域の旧町名の二宮町が尊徳の姓にちなんだものだということからもよく分かる。

農政改革だけでなく、二宮尊徳は危機管理能力でも能力を発揮したといわれる。桜町領の再建にめどがついた1833年、この年は夏の始めに雨が多く、尊徳がある農家でナスを食べたところ、種が多くて秋ナスの味がした。「老人から聞いていた天明の飢饉のときと様子が似ている。必ず飢饉が来る」と思った尊徳は、桜町領の農民に、畑1反ずつにヒエを作って備蓄するように命じた。ヒエは天候不順に強く、長期保存が利くが美味しくない。渋る農民に「畑一反分の年貢免除」という条件でヒエを作らせたところ、その後、数年にわたって大規模な飢饉が起こり、特に稲作にかたよっていた地域では農民に多くの餓死者が出たのだ。しかし、尊徳の命令に従ってヒエを備蓄していた桜町領の農村は、ひとりの餓死者も出さなかったという。

そんな尊徳のやり方は、財政再建をするためには削るところは削るが、災害などが起こったときは積極的に減税や資金投入を行い、なるべく早く被災地を復興させる、というものだ。災害時の危機管理能力に欠けるといわれる日本。たとえば東日本大震災が発生した後、復興は速やかに進んだとは言い難かった。そうした状況下、相次ぐ増税や公共料金の値上げに踏み切った政府。そんな日本に必要なのは、二宮尊徳のような人物だろう。真に金次郎像を置くべき場所は、小学校ではなく、国会議事堂や各政党本部なんじゃないだろうか。

第3章
県の中央にドンと構える宇都宮

北関東屈指のものづくり都市
宇都宮の実力

宇都宮の発展を後押しした工業

栃木県が農業県から変貌する転機となったのは、おそらく1960年である。当時の池田勇人内閣が低開発地域工業開発促進法及び、新産業都市建設促進法を制定。それによって、地域開発と地方進出企業へ優遇措置が取られることになった。県は工場の誘致こそが県内の産業を活性化させ、さらに県民生活を潤すことにもなると考え、さっそく工場開発計画を立てた。

栃木は首都圏にあるという立地条件の良さに加えて、工場立地向きの平らで安価な土地が多くあり、さらに労働力の確保も期待できるなど、企業が地方に進出する上で格好の条件を備えていた。

その中で県都・宇都宮は、戦災復興計画に沿って土地の区画や道路網がすでに整備されていた。しかも1950年代の昭和の大合併で、隣接の1町10村を合併して都市基盤がさらに強化され、工場誘致には万全の態勢がとられていた。

そして1960年以降、平出工業団地を皮切りに、清原工業団地、瑞穂野工業団地と、次々に巨大な工業団地が造成された。こうして栃木は宇都宮を中心とした工業化の波に乗り、工業従事者が激増する。1965年を境にして栃木の主産業だった第一次産業の従事者の割合は、第三次産業と第二次産業より少なくなった。

宇都宮のすさまじいばかりの工業化は、市の発展を大きく後押しした。宇都宮の人口は昭和の大合併により、約13万人から約20万人へと急増した。その後も2001年まで人口は増え続けてきた。その要因はさまざまあるが、最大の要因は工業化に尽きる。多くの企業・工場が立地することによって労働者が集まる。人口が増えてもともと盛んだった商業はさらに盛んになる。インフラ（東北新幹線や東北自動車道など）もより強化されるから、さらに人が宇都宮へと集中する。そして市には人口増と多くの企業立地で税収が増える。見事な好循環が生まれたのである。

国内の製造業不振の影響は宇都宮にも！

昭和にできた巨大工業団地が複数構える宇都宮は、製造品出荷額はもちろん栃木県内ではダントツの1位で、北関東では太田市に次いで2位。製造業の事業所数は1986年以降、徐々に減少傾向にあるが、「ものづくり」の町としてのパイの大きさは健在だ。

宇都宮の強みは、太田のように輸送用機械（自動車）製造に偏っておらず、製造業の業種のバランスが良いこと。強みがないといえばそうなのだが、「強みが瓦解すれば即終了」というリスクは少ないといえるだろう。

市東部に位置する清原工業団地（ここだけで製造品出荷額は1兆円オーバー）を中心とした「産・学・住」の集積する「宇都宮テクノポリスセンター地区」では、高度技術産業の工場や研究所が集積しており、そこでは新技術開発への事業支援や、産学連携を含めた交流活動も行われている。

また、時代の流れと共に「ものづくり産業」も多様化しており、ＩＴ化や国際化にも対応すべく市は強化に取り組んでいる。

さらに古くからある地場産業の大谷石産業は、原料の大谷石が建築材以外にも水処理や公害物質処理の分野に利用ができるということで注目されている。

ただ、大企業の工場誘致とその雇用と生産に頼ってきた宇都宮は、転換期を迎えているといってもいい。円高を背景とした国内製造業界全体の不振は、社会全体に景気の悪化をもたらし、それは宇都宮にも当然ながら悪影響を与えている。市内の中小製造業は景気悪化の影響をモロに受けて苦しい状況が続いている。それはまた、商都としての宇都宮にも暗い影を投げかける。宇都宮市がまとめた「本市産業の現状」によれば、宇都宮は事業所の開業率も高いが、廃業率はそれにも増して高い状況になっているという。

今後の課題は多々あるが、工業県となった栃木の浮沈は、宇都宮が握っているといっても過言ではない。ものづくりを担う各工業団地の大企業同士の連携もけっこうだが、地場産業や地元中小企業への支援を含めた「宇都宮ブランド」の積極的な発信による内需拡大も必要じゃないだろうか？

※　※　※

経済産業省が公表した2017年1〜6月の工場立地動向調査結果（速報）によると、北関東3県は製造業などの立地件数がいずれも前年同期より増え、都道府県別でもそれぞれ上位にランクインした。栃木県は全国9位で前年の13位からランクアップ。この要因は、首都圏の土地の人気の高さに加え、圏央道や北関東道、新4号国道などのインフラ整備が進み、交通網がさらに充実したこともあるようだ。

具体的な数字を見ると、2017年1〜6月期の栃木の工場立地件数は19件。前年同期は14件だったから実に5件も増加している。このうち県外企業は16件を占めているが、県内企業も宇都宮市の宇都宮機器が自動車部品工場の新設のため、市内の清原工業団地の約4・6ヘクタールの土地を約8億5500万円で取得と、エリア的には宇都宮市とその周辺と県南で工場立地の動きが活発化している。ものづくり都市・宇都宮はいまだ健在である。

また、宇都宮市では工場誘致に加え、密か（?）に「宮のものづくり達人」の募集を行っている。「宮のものづくり達人」とは、簡単にいえば「宇都宮市に在住、あるいは従事している卓越した技術・技能を有する人々」のこと。そうした人たちを「宮のものづくり達人」として市が認定することにより、地域産業の振興につなげていきたいようだ。

募集対象は「技の達人」（全産業分野の職種に携わる人で、技能検定最上級に合格した人、または技術・技能を必要とする国際大会、全国大会において入賞した人及びこれと同等の技術・技能を有する人）、「伝統工芸の達人」（栃木県の指定を受けた伝統工芸品制作に携わる人）、「地域の達人」（地域に根ざしたものづくりに携わる人で、指導実績が概ね10年程度ある人）の３種。応募者（自薦・他薦問わず）は達人認定審査会で審査にかけられ、「宮のものづくり達人」として認定されると、企業や学校などで技術指導をしたり、小・中学校でのものづくり体験教室の講師をしたり、地域イベントでものづくり体験教室や実演を行うなどの活動を行ったりしながら、企業支援・人材育成・後継者確保・ものづくり学習の促進を図っていくという。

取り組みとしては地味だが、こうした草の根活動があってこそ、ものづくり都市・宇都宮の基盤はさらに強固になるはずだ。

キャノンやJTなどの企業が入る清原工業団地は宇都宮の工業の中心地

宇都宮名産の大谷石。大谷石は建築材のみならず、公害物資処理などさまざまな利用価値がある

東西の歓楽街に見られる宇都宮の超カオスっぷり

東口が県下最大の歓楽街って本当？

北関東最大の街・宇都宮。しかも工業都市にして多くの企業の工場や支店が立地している。だからキャリーバッグを転がす出張族も多く見かける。不景気な時代、会社の業績も上がらず仕事のストレスにいつも苛まれているであろう出張族のお父さんたち。いつもと違う土地に来たら、つい羽を伸ばしたくなるってもんだろう。

そうした出張族の癒し&憩いの場になっているのがＪＲ宇都宮駅東口の歓楽街だという。宇都宮の歓楽街といえば、西口（というより東武宇都宮駅周辺）の公儀御用達の泉町に、江野町、池上町が昔から花街として栄えていたが、それも過去の話で、今や県内最大の歓楽街といえば宇都宮駅東口になっているようである。

だが、ちょっと待った。東口を出て、開発が滞って駐車場と駐輪場になっている通称「宮みらい」の餃子店が軒を並べる一角を抜け、そのまま右に進むと東口歓楽街のはず……と思っていたら拍子抜けした。歓楽街なのにあまりにも閑散としていたからだ。「まあまあ、今日は平日だから」と、休前日にも来てみたが、多少人通りはあったものの、やはり「県内最大の」というには寂しい感じ。

店の数自体は確かに多いのだ。しかし活気が今ひとつ感じられない。客引きもグイグイ来るわけではない（条例では禁止されているようだけどね）。周辺を一通り歩いたが、目抜き通りの鬼怒通り沿いにある大型風俗店に飛び込むサラリーマングループを何組か見かけたぐらいである。

今やお水の業界も長引く不況でどんどん店が潰れている。空室が多くなった風俗ビルも、大資本の風俗チェーンなどが購入してくれれば、歓楽街の灯りは消えずに済むが……どうやら一時は勢いのあった東口も健在ではないらしい。

出張族のお父さんは、たとえ遊びたくても、財布のヒモを締めざるを得ないようである。

西口は洒落た商業施設と廃墟が混在する

対して東口と比べて寂れる一方だといわれる西口歓楽街。東武宇都宮駅周辺のオリオン通りを中心にした一円がピンクゾーンである。オリオン通りから路地を入ってソープ街となる江野町や、東武宇都宮駅そばの宮園町はその昔、北関東を代表する花街として栄えていた。建物の外観はどれも古ぼけていて、見るからにディープゾーン。周辺にはお洒落な商業施設も立っており、その間に昭和風情の風俗店が混在している宇都宮は、ある意味でカオスな土地である。「昔と比べればこのあたりの人気は減ったけど、オリオン通りがそうなだけで風俗にはボチボチ客も入っていそうだけどね。夜になったら風俗目当ての客と客引きのガイジンとバカなガキどもばっかりだよ」とは地元のおっさん。「でもあそこ（宮園町）はねえ。どこもボロいでしょ。あれ見たら誰でも寂れてるって思うわな」

市は西口市街地を再生計画区域に入れているが、廃墟も並ぶピンクゾーンの江野町や宮園町、あるいは泉町、本町といった旧花街地区は再開発の事業検討地域にも入っていない。現状では手を付ける予定もないから、やがて「遺跡」になっていく運命なのか⁉

結局、今の東西歓楽街を比べると、建物の新旧や客層の違いはあっても、長引く不況でどちらかが極端に盛り上がっているということはない。まあ、どちらにしろ景気がよくならないとネオンは消える一方だ。でも東口は駅前が手付かずで、西口がこんなカオスな作りじゃ、若者はここから出ていきたくなるかもねえ。

※　※　※

宇都宮駅東口は今後、LRTの開業によってさらなる沿線開発及び、歓楽街も活気を帯びてきそうだが、西口に目を向けてみると、宇都宮駅から離れた東武宇都宮駅周辺のオリオン通りを中心にした一円のピンクゾーンは、2018年になった今も、大がかりに手を付ける予定はなし。これまで同様、大規模にというより、アンテナショップを作ったり、ホテルやマンションを建てたり（現在馬場通り3丁目にどでかいタワーマンションを建設中！）、市民広場を作ったりというようなツギハギ型の開発になりそう。今後もオリオン通りとその周辺は、新旧混在のカオス＆ディープ感満載のエリアとして、おっさん連中を喜ばしてくれることだろう。

一方、駅西口の一等地では、計11ヘクタールにも及ぶエリアで再開発事業が検討されている。同エリアを宇都宮都心部の核として見た場合、現状では建物が不調和で統一感がなく、要はゴチャゴチャしているのが気に入らないらしい。まあカオスのままでもよかろうというオリオン通り周辺とは、力の入り方が違うのだ。

ＬＲＴも含め、今後のコンパクトシティ化に向けて駅西口の開発はやはり避けられない。でも未来を見越してというけれど、宇都宮の街を今後どんな風に成長させたいのか、まだトータルデザインは見えないんだよなあ。

宇都宮を代表するアーケード街といえばオリオン通り。一歩路地に入れば風俗店も林立

古着などのファッション系のショップや、カフェ、美容室など個性的な店が並ぶユニオン通り

「宇都宮発祥」をめぐって起きた戦い

駅弁発祥についてはちょっと自信がない

宇都宮名物といったらほとんどの人が「餃子」と答える。まあ、その餃子についてては後でお話するとして、その他にも「ジャズ」、「カクテル」などが有名だ。そこには「餃子だけじゃなくて、なんとなくスカしたものも取り入れたい！」みたいな、ハイカラなものに憧れて背伸びしたい栃木人の心根が垣間見える。

さて、ジャズやカクテルといった既成のものを取り入れた名物は置いておくとして、宇都宮発祥で名物になったものも意外にある。餃子もそのひとつなのだが、餃子を宇都宮発祥とするには、国民食だけあって反発もさすがに強い。

また、「おそらくそうだろう、そうに違いない……よね？」と発祥地として胸を張りたいのにちょっとビミョーな感じなのが「駅弁」だ。1885年、宇都宮駅の開業日に、旅館「白木屋」がおにぎり2個にたくあんを添えた弁当を販売したのが最初といわれる駅弁。宇都宮で販売が開始された日（7月16日）が駅弁記念日なので公式には「発祥地」だ。しかしそれ以前にすでに売られていた（上野駅、梅田駅、神戸駅、高崎駅など）という説があり、宇都宮発祥説は否定されてしまった。さらに姫路などは「おにぎりとたくあんを包んだだけでは弁当にあらず」と、1889年に姫路駅で売られたという折詰弁当を元祖という始末。だがどの駅も確たる証拠があるわけではなく、なんとなく宇都宮のままで落ち着いているのが現状だ。

街コンの聖地が荒らされる⁉

一方、間違いなく宇都宮発祥なのが「街コン」。街コンとは「街ぐるみで行われる合コン」のこと。出会いを求める多くの男女が一地域に集まり、地元の飲食店を巡りながら気に入った相手を見つけるイベント。地域ぐるみで男女の出会いをサポートするわけだ。

巨大な「ねるとん」や「あいのり」のような感覚で、肉食系の男女や本気で結婚相手を探している男女の参加は多いが、単に楽しく会話しながら飲み食いするだけという「冷やかし」や、果ては「サクラ」までいたりする。街コンの常連も大勢いるから、鼻息も荒く参加してあえなく撃沈という話もよく聞く。さらに街コンによっては既婚者の参加もＯＫと堂々と明記する地域もあり、「不倫ＯＫかよ！」と突っ込みたくもなる。男女や主催者それぞれの欲望がイベント内に渦巻いているからそれだけトラブルも多く、ルールへの批判などは日常茶飯事だし、それ以前に、街コン開催をうたって集金し、バックれるという詐欺まがいのケースもあったりする。

街コン自体は、もともと宇都宮市内の某飲食店店主の発想で、男女の出会いもそうだが地元商店街にも元気を与えるという「地域活性化」もコンセプトだ。今ではこの「宮コン」の実行委員会も作られ、すでに40回以上も開催され、宇都宮の街おこしに一役買っている。開催日は市内のホテルが満杯になるという盛況ぶりで、内気な栃木男子と開けっ広げな栃木女子のお祭りなのだ（もちろん他地域からの参加者も多いけどね）。

しかし、この街コンを商業イベントとして仕掛ける某会社が主導となり、街コン発祥の地の宇都宮で新たな街コンを開催した。いわゆる「聖地」に戦いを吹っかけてきたのだ。従来の宮コンも新たな宇都宮の街コンも、出会いを求めるだけの男女にはさしたる違いはないだろうが、宮コンの当事者たちにとっては自分の家に土足で踏み込まれたようなもの。さすがの栃木人もここまで礼を失していれば怒り心頭に発する。ただ、「街コン」は楽しいイベント。このドロドロが長期化して、「宮コン」が「鬱（宇都）コン」にならないことを祈りたいものだが。

※　※　※

街コン発祥の地である宇都宮の街コンは「宮コン」として、現在も健在だ。しかもこの宮コン、なかなか好評だという話を聞いた。

街コンというのは出会いの場だから、参加した男女が自分好みのパートナーを見つけるためには、ある程度の参加人数が必要になるが、基本的に宮コンは規模が大きい（どちらかというと男性参加者が多く、女性向けの街コンともいわれる）。また、地元の人たちだけが盛り上がるのではなく、ヨソ者もウェルカムなオープンな雰囲気で排他性は皆無。また、もともと宮コンは地元の飲食店が地域活性化目的で仕掛けた企画だから、宇都宮名物のカクテルなど酒類のバラエティに富んでいるのはもちろんのこと、料理も美味しいと評判。これで理想の相手と出会えれば最高だが、たとえ出会えなくても、ひとつのパーティーイベントとして満足して帰る人も多いという。

ただ某宇都宮民に聞くところによると、どこにもズルをするやつはいるもので、宮コン当日に宇都宮にやってきて、参加費を払わず参加した女性を狙う輩（ずっと外から観察しているのだそう）が横行しているとも聞いた。酒も入るし、盛り上がると無法地帯化してしまうのだろうが、それでは逆に宇都宮のイメージダウンにつながりかねない（正規参加者も気分が悪かろう）。ちゃんとルールは守りましょ。

栃木は出会いの場所なのだという。さすが県都・宇都宮は街コン発祥の地。そう公言するのもよくわかる

宇都宮といえば餃子のイメージだがカクテルも有名。当地には日本を代表するバーテンダーも多く、そのレベルの高さは折り紙付き

浜松との熾烈な餃子戦争の行方

宇都宮は餃子勝負にこだわっていない？

宇都宮は言わずと知れた餃子の街である。戦前に宇都宮に駐屯していた第14師団が中国に行って、そこで食べた餃子を日本に持ち帰って当地で焼いて食べたのが「宇都宮餃子」の始まりだといわれている。だから宇都宮は「焼き餃子の発祥の地」ともいわれるが、これには諸説ある。ただ、発祥はどうあれ、今や餃子＝宇都宮といわれるほど、餃子は宇都宮第一の名物となり、市民のこだわりだってハンパではない。

しかし2007年、その日本一の餃子の街・宇都宮に、思わぬ強敵が出現した。静岡県浜松市である。この年、「浜松餃子学会」が記者会見を開き、浜松市と行った独自調査をもとに「餃子消費量日本一宣言」をした。時は浜松市が政令指定都市になったタイミング。2008年から総務省の統計の調査対象に入り、餃子消費量がデータで比較できるようになるため、まちづくりや街おこしもかねての先の宣言になったわけだが、以来、浜松と宇都宮は餃子消費量（年間支出金額）の1位を争うライバル同士となった。

ただそれからしばらくは宇都宮が日本一の座を守っていたため、両市が火花を散らす感じは薄かったが、ついに2011年、浜松が絶対王者の宇都宮を逆転。宇都宮が日本一であることで微妙なバランスを保っていた餃子界は、一気に2強の時代に突入。両市の餃子消費量を巡る争いは餃子戦争といわれ、それまで同じ餃子の街として親交があった両市の関係は一気に冷え込んだのである。

しかも近年はどちらかといえば浜松が優勢となっている。2017年の1月、総務省が発表した家計調査（2016年）で、宇都宮は3年連続で浜松の後塵を拝し、浜松に宇都宮が勝てない状況が続いた。そうなるともはや浜松も余裕である。3年連続日本一に輝いた際、「浜松餃子学会」の担当者は「宇都宮市は餃子の大先輩。今回も勝ちましたが、これからもいろいろ教えてもらいたい」

とコメントしている。そのくせタネにキャベツ比率が高いことが浜松餃子の人気のひとつということもあり、「宇都宮で野菜を多く入れた餃子を出している店舗もあるようですが、浜松の我々からするとまだまだです」ともコメントしている。謙虚なのか傲慢なのかよくわからないが、とにもかくにも宇都宮を刺激するには十分な浜松の態度である。これに対し、宇都宮は「1位に越したことはないが、正直あまりこだわっていない」とコメント。あくまでクールに対応している（内心は相当悔しいだろうが）。だがそこには王者・宇都宮の矜持というか、それ相応の理由がある。

家計調査の対象となる餃子は、生の餃子とスーパーなどで買う総菜に限定されているのだ。企業が多く共働き世帯も多い浜松は、買ってきた総菜をおかずに自宅で食事をする持ち帰り文化が昔からあり、そもそも「おかず」がよく売れることから、餃子に関していうなら家計調査向きの街といえる。一方、宇都宮では店舗消費量が多く、市民にとっての餃子はいわば外食。そうした外食の消費量がカウントされない家計調査で、宇都宮が浜松に対抗しようとしてもさすがに分が悪い。そんなわけで、宇都宮も餃子をＰＲするが、勝負しているつもりはないという。

筆者は宇都宮と浜松、両市に数日間滞在し、それぞれで餃子をいただいたが、確かに同じ餃子の街でも宇都宮と浜松のカラーは異なるように感じた。宇都宮が外食としての餃子文化が熟成されているのに対して、浜松では若干ながら未熟性のように思える。浜松市内の餃子店に何店か入ったが、どこも基本的には食事重視。某店でとりあえず餃子とビールを頼んだところ、「最初に飲む分のビールと、ごはんものを食べるならそれも最初に注文してください」といわれたのだ。餃子をつまみにしながら酒を飲み、お腹の具合を見て、酒とごはんものを追加注文できないものなのか？　と店員相手に憤慨した記憶がある。

宇都宮が久々に首位奪還も要因は浜松の自滅⁉

不利な勝負ゆえ、浜松と戦っているつもりはないとする宇都宮だが、家計調査（２０１７年）では、４年ぶりに首位を奪還。その発表を受けて、宇都宮市長は「ギョーザの購入額の順位に一喜一憂するものではありませんが、今回の

過去10年の餃子年間支出金額1位の都市

年度	都市名	金額
2008	宇都宮	4,706円
2009	宇都宮	4,187円
2010	宇都宮	6,133円
2011	浜松	4,313円
2012	浜松	4,669円
2013	宇都宮	4,921円
2014	浜松	4,361円
2015	浜松	4,646円
2016	浜松	4,819円
2017	宇都宮	4,258円

※総務省「家計調査」参照

結果は市民と積み重ねてきたまちづくりのたまものです。引き続き市民と一体となってギョーザを核とした観光振興を進めていきたい」と、歓喜の声を上げるわけでもなく（内心は大喜びだろうが）、勝者の余裕を見せた。

ただこの勝利、金額を見ると宇都宮が４２５８円で、浜松が３５８２円。実に７００円の大差だが、浜松はそれまで４３００円以上で首位を死守してきた。単に浜松の支出金額が大幅に落ちたことによる、宇都宮の棚ぼた勝利ともいえる。とすれば、浜松の餃子の消費も外食が中止になってきたのかしらん？

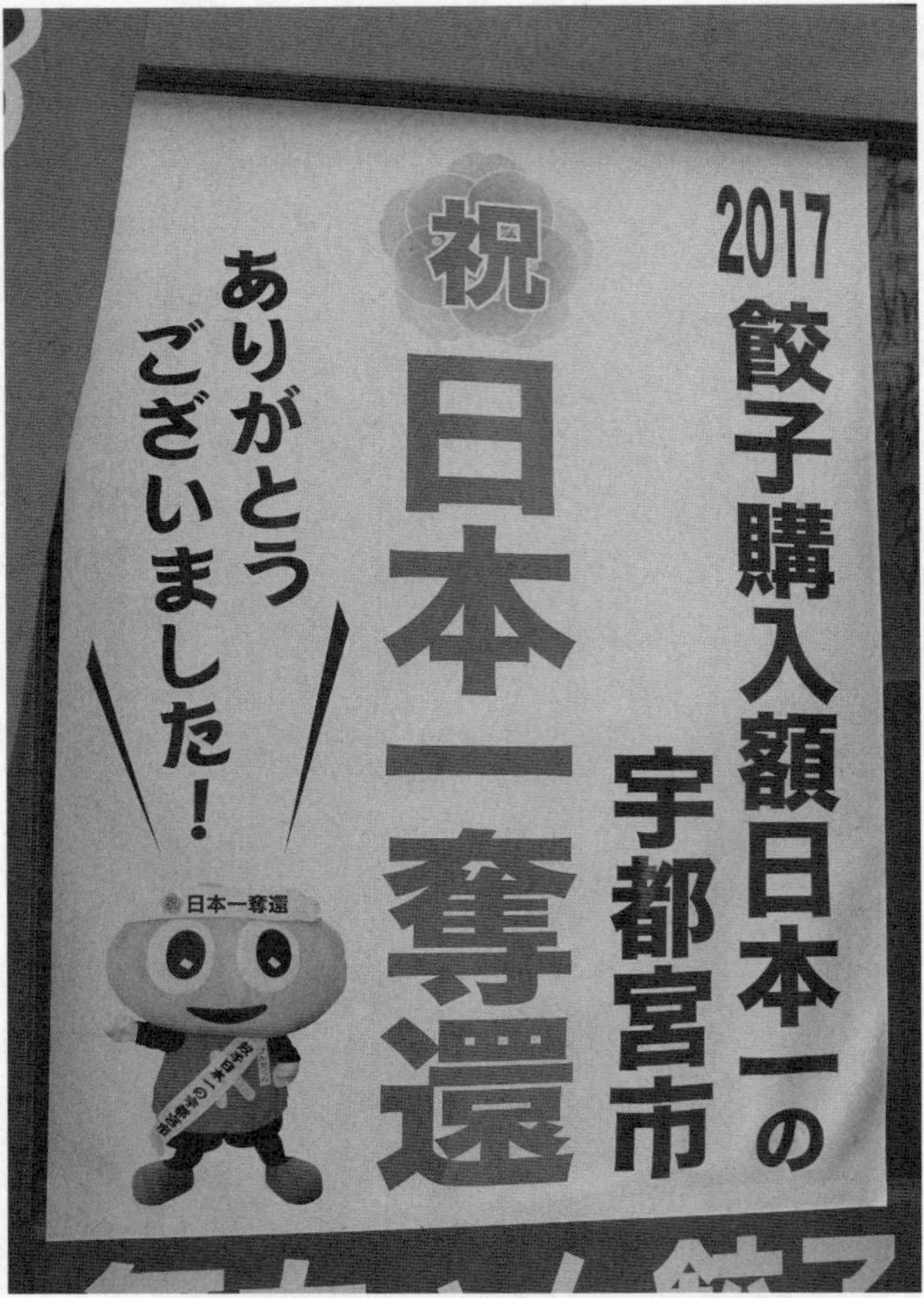

2017年は宇都宮が4年ぶりの首位奪還。いくら浜松との餃子戦争にこだわりがないといっても、勝てばやはり気分はいいもの

人口増加の受け皿 新興住宅街の評判

都市整備が乱雑な中心市街地は怖い

北関東随一の商工業タウンということに加えて交通インフラも整備され、四方八方から人やモノが宇都宮に集中する。今や人口50万を超える巨大都市だが、その人口増加の要因のひとつが大企業の集積にあることは何度も書いた。多くの大企業が立地することで、そこを職場とする多くの人たちが宇都宮へと移住してきたのだ。

県内からの移住ファミリーも多いが、都心から移住するファミリーも多かった。特に後者の場合、今まで特に関心もなく予備知識もない栃木に住むということで、移住に不安を覚える人が多かったとも聞いた。しかし、宇都宮に来ると、

「あれ？　わりと都心から離れてないじゃん。意外に都会」と思ったりもするらしいが。「東北に近いと聞いていたし、もっと田んぼや畑ばかりのところかと思ってました。でも来てみたら全然イメージと違ったし、東京に出るのも新幹線ならそれほど苦じゃないです」とは、栃木人と結婚して宇都宮に移住した30代女性の弁。確かに高速交通が整備されてきたことで、都心と宇都宮のアクセスは格段によくなった。そのため、遠方からの宇都宮通いはもとより、宇都宮に家を購入してそこから都心へ通うという、以前にはほとんど無かったパターンも見られるようになった。

だが、宇都宮が北関東最大の都市とはいえそこは田舎。やはり都心とはいろいろな意味で環境も違うし、住めば相応の苦労もあるともいわれる。「独身者は関係ないんですけど、家族の場合は子どもがいると気にするのが周囲の環境です。だから、移住者の家族は市街地のど真ん中の物件にあまり住まない気がしますね。ヤンキーっぽい若者も多いし、やっぱり怖いですよ」とは先ほどの30代女性。以前ほど見ないがヤンキーは健在。しかも、昔の乱雑な都市整備の影響からか、市街地（特に西南部）の住宅街周辺に狭い路地が多いということも合わせ、慣れていないと相当恐怖感を感じるという（けど東京でも八王子あたりはこんな感じだけど）。じゃあ、移住者にとって、どの住宅街の支持が高いのだろうか？

やや郊外に住んでいる移住ファミリーの不満

クネクネとした道が多いという道路環境が難点という戸祭地区だが、その中でも戸祭台の住宅街は転勤族に人気がある。高台に作られている戸祭台は住民の所得レベルが高く、それに比例して教育熱も高いので、子どもの教育環境を気にする転勤族はここを選ぶ傾向がある。また、周囲に同じベクトルの転勤族が多いので、仲間ができやすいというメリットもある。

同じく転勤族に人気なのが豊郷台だ。宇都宮の新興の高級住宅街（坂道がずっと続くので歩くとキツいが）で、こちらもやはり住民の教育熱が高いといわれるが、何より住民の「品が良い」と評判。しかし、戸祭台や豊郷台は高級住宅街であり、転勤族が終の棲家として購入するにはハードルも高い。

そこで目を付けるのがＪＲ宇都宮駅の東側。泉が丘や越戸周辺（ここもまあ高級住宅街だが）、平松、横川、瑞穂野あたりの住宅地。そして、清原工業団地に隣接する清原台のニュータウンが、職場も考えれば有力となる。実際、清原や平石、横川、瑞穂野といった地区は新住民が増え、人口の増加率（２００1年～２０１2年9月末時点）が他地区より高めなのだ。

市街地からやや離れた、これらの住宅街に住む転勤族の最大の不満は道路事情だ。郊外なので緑もあって、さらに周囲にショッピングセンターが多いのはいいが、何事も車がなくては始まらない。だが渋滞が酷いし、地元民の運転マナーも悪い。バスの本数にも不満だし、時折ヤン車や暴走族が爆音を立てて走るのも困る。

ただ、朱に交われればなんとやら、しばらく住めばこうした雰囲気に慣れ（それもちょっとイヤだが）、さらに電車の存在を忘れ、立派な北関東民になるようだが。

※　※　※

人口50万人を超える北関東一の大都市・宇都宮といえど、そこはやはり田舎。

昔からマイホームを持つのであれば、ある程度広い敷地の家を買うというのがスタンダードな考え方である。さらにひとり1台マイカーというのも当たり前なので、多少街中から離れていても問題はない。こうした条件を満たし、さらにLRT開業も関連して今後の資産価値上昇も見込めるとされ、近年、価格相場も高騰しているのが、宇都宮市の東端、清原工業団地や芳賀工業団地に隣接する「ゆいの台」である。逆に市北西部で宇都宮市土地開発公社が販売する篠井ニュータウンは、分譲から20年以上経っても完売とはいかず苦戦している。アクセスは悪いが区画の広さは魅力的で、苦戦している理由はコスパ。場所の割にやや価格が割高なのだ。現在は完売を目指し、割引などを実施し販売促進に繋げているという。

ただ一方では、マイホームを持つなら一戸建てという考え方も徐々に薄まりつつあるようで、若い世代や高齢者を中心に便利な街ぐらしを希望する人々も多く、宇都宮駅近くのマンションの需要も高くなっているようだ。

宇都宮といっても田舎なので、マイホームを持つなら広い土地の一戸建てが理想という考え方が今も根強く残っている

袋小路もあって怖いと噂の平地の住宅街と比べ、高台にある新興住宅街の評判はなかなかよろしい

車があれば事足りる？新交通システムが欲しいワケ

中心市街地を何とかしたい！

巨大な宇都宮が「コンパクトシティ」を目指しているそうだ。コンパクトシティとは、市街地が郊外へと無秩序に広がっていくことを抑制して、「まちなか（中心市街地）」に生活機能をギュッと近接させた街のことである。

2000年に施行された新大店法によって、ロードサイドショップが台頭し、シャッター通りも増え、市街地の空洞化が浮き彫りになっている地方の状況は、宇都宮も例外ではない。さらにそうした都市機能の広域化もあって、極度の車依存社会にも陥っている。そこで宇都宮は街をコンパクトにすることによって、住民の生活行動もコンパクト化させ、中心市街地の活性（再生）化を目論んでいるのだ。「まちなか」の店舗を見切って、インターパークに巨大商業施設を建設した地場百貨店・福田屋百貨店からすれば、「何を今さら」「もっと早くやれ！」と文句のひとつやふたつもいいたくなるだろうけど。

さて、コンパクトといっても、ここまで都市的な土地の利用を郊外に広げてきた宇都宮だけに、おいそれと郊外の切り捨てができるわけではない（とりあえずは今後、市街地の拡散を呼ぶような都市開発はやめるようだけど）。中心市街地を生活機能を集積させた「高密度市街地」とし、その外縁に「中高・低中密度市街地」として、商業施設と住宅の複合施設や住宅地を形成させる。そして、その周囲に産業・流通拠点（各工業団地など）を置き、それらと密接な連携をとるという。今のJR宇都宮駅を中心とした地域を都市の核として、その周辺がそれぞれの地域特性を活かしつつまちづくり（拠点形成）を行い、足りない部分を補い合おうというわけだ。この計画が今後進行して、どんな風に宇都宮が変わっていくのかはわからないが、とにかく都市の中心部の価値を上げていくというのは、そもそも悪いことではない。

この宇都宮の計画では、中心市街地への集積に並行して、車社会からの脱却を目指している。車に依存した都市構造では、高齢化社会が進む昨今、移動手段として車を使えない高齢者は住みづらい。だが、その一方で郊外が産業拠点になっていたりするため、労働者にとっては車がないとどうしても不便である。そんな双方の問題を解決するのが、公共交通の充実であり、その柱として期待しているのが新交通システムなのである。

建設費はかかるがいいことずくめ

導入を検討している新交通システムは「ＬＲＴ」だ。専用レールを走る次世代型の路面電車で、宇都宮はこのＬＲＴの導入ルートを、桜通り十文字付近から西口の大通りへ、そこからＪＲ宇都宮駅を抜けて東口の鬼怒通りを進み、平出工業団地のそばを通り、宇都宮テクノポリスセンター地区（清原・芳賀工業団地）に達する約15キロの区間としている。ルート的には、中心市街地の商業活性化が見込め、東武とＪＲの乗り換えがおそらくかなり楽になり、さらには巨大工業団地への足にもなることから渋滞の解消にもつながることが想定され

LRT 予定ルート図

る。まあ、妥当なルートといえるだろう。

それに専用レーンを走るＬＲＴには、「時間に正確」「排気ガスの減少」など、さまざまなメリットもある。いいことずくめではあるのだが当然ながら反対派もいる。反対派が主張するのは「建設費がかかりすぎる」「バスの活用で工夫できる」など。総事業費は約３８３億円（ＬＲＴは国交省が導入支援をしているので国からは補助も出る）。費用対効果を考えてこれを行政の浪費と見るかは人それぞれだろうが、バス活用の意見が出ることに関しては、どうやらドル箱路線を失う関東バスの意向が影響しているようだ。

いよいよＬＲＴ導入決定！宇都宮はどう変わる？

構想から25年でようやく工事がスタート！

２０１８年５月28日、宇都宮市と芳賀町が導入を進めるＬＲＴの起工式が予定通り行われた。あえてここで「予定通り」としたのには理由がある。宇都宮のＬＲＴ事業では、ここまで何度となく予定していたものが延期、あるいは中止となってきたからだ。そのため、構想から実現まで実に25年以上の歳月を要してしまったのである。

宇都宮市のＬＲＴ構想が持ち上がったのは１９９３年のこと。しかし、２００３年に財政を優先した当時の福田昭夫知事の判断で計画は中止された。その後、２００４年に宇都宮市長だったＬＲＴ推進派の福田富一氏が知事となり、入れ替わるように同推進派の佐藤栄一氏が宇都宮市長になると、当然のことながらＬＲＴ計画は再燃した。しかし、前項でも書いたようにおよそ約３８３億円（実際には４５８億円）という莫大な総事業費と採算性、そしてそもそも赤字財政の宇都宮がつくる必要性に疑問を持った反対派（ＬＲＴに反対する会）の活動もあって、計画は遅々として進まなかった。そうした中、ようやく当事業が国土交通省に認可されたのは２０１６年９月。宇都宮市は同年に早速工事をスタートさせ、２０１９年末の開業を目指したものの、国土交通省へ提出する工事施行認可書の遅れなどもあって、工事開始予定日は早くとも２０１７年末となり、そこからさらにまた２０１８年６月へとずれこんでしまった。

今後、宇都宮駅東口を起点に東方へとのびる鬼怒通りの中央分離帯撤去工事を皮切りに、まず規模の大きい車両基地や鬼怒川橋梁の建設を進めていくとしている。工事は道路の混雑時を避けながら進められ、開業は２０２２年３月を目指すという。ただ、線路も何もないところに一から専用レールを新設し、ＬＲＴを走らせるという国内初の大事業だけに、これからもうひと山もふた山もありそうだ。

ひとまず東口ルートを整備　西口ルートはまだ未定

前項の後半で、2012年当時の資料をもとにルートを説明しているが、現状の計画では優先整備区間として、宇都宮駅東口から作新学院大、清原工業団地を抜け、芳賀町内の本田技研北門までの約15キロがひとまず整備されることになっている。長年、宇都宮周辺ではこれらの工業団地への渋滞が深刻化しており、LRTができることによって渋滞改善の期待がかかる。ただそのためには敷設するだけではなく、工業団地に立地する企業の協力（LRT通勤の奨励）も欠かせない。

さらに通勤路線のみならず、沿線にはベルモールや作新学院大などの施設もあり、市民の通学や日常的な足としての利用も期待されている。停留所では「ベルモール前」を筆頭に5カ所にトランジットセンター（乗り換え施設）が配置され、バス、地域内交通（タクシー・デマンドタクシーなど）、自動車、自転車などのさまざまな交通手段からスムーズにLRTを利用することが可能になる。そこで宇都宮と芳賀ではLRTとバスという2つの公共交通の利便性を高めるため、LRT沿線（芳賀・宇都宮東部地域）のバスネットワークの再編にも取り組むという。結果的にLRTの敷設によって大通りの車道からバスが無くなれば、それもまた渋滞の改善につながる。

また、先んじて優先整備区間の起工式が行われたが、宇都宮市は将来的に宇都宮駅西口から大通りを西に延伸させる「西側ルート」も検討している（先のバスの件でいえば、西口側には朝の通勤時間帯の1時間で100本以上のバスが停車する大工町などもあり、渋滞を改善したいならこちらを優先すべきだった?）。ただこちら、桜通り十文字の交差点までLRTを延伸させた上で、「桜通り十文字でとどめる」案を含め、「護国神社付近」、「宇都宮環状線付近」、「東北自動車道付近」、「大谷観光地付近」までとする5ルートが候補に上がっている。総事業費は、最短の桜通り十文字までが約150億円。最長の大谷観光地まで、複線では約400億円、単線では約330億円に達する見込みとなっている。どの案にしても総事業費は莫大なものとなり、これまでの経緯や財政面からそうおいそれと延伸とはいかないかもしれない（まあ高規格道路を整備するのとほとんど変わらないけどね）。加えて宇都宮駅を結節点にLRTの東西移動をスムーズにするため、仮に宇都宮駅の大工事（立体交差など）をするとなれば、さらに整備費は跳ね上がる。まあ、在来線の高架化はおそらく無理なので、東口と西口それぞれに始発駅を作るかたちになるとは思うが。

バスは便利だが渋滞の元凶にもなり得る

さて、ＬＲＴの工事中断はもはや不可能なところまできたと思われるが、整備が予定されているルート沿い（鬼怒通り）を見てまわると、「まだ止められる」と書かれた反対派の看板が立っていたりする。実際、市内で話を聞くと、宇都宮市民の中にはいまだにＬＲＴを歓迎していない人が少なからずいることも確かで、ルートを見て「○○（某マンモス校）の差し金だろう」と批判する人もいた。また市内全体から見ると、沿線住民以外の関心が薄いのだ

ただ、市側にも敷設の具体的なメリットなど市民への説明が不足していたところもあるが、反対派にしてもどうすれば宇都宮が車社会から脱却できるか、バスを含めた公共交通の将来的なあり方など、有効かつ具体的な対案がなかっ

たのも事実である。また「バスで十分事足りる」というのは、普段バスを使っていない人の言いようで、基本的に地方のバスは公共交通としては脆弱である。

結局、反対派は莫大な整備費（もちろん税金だが）と採算性を取り上げ、道路交通の障害になるからと大きな変化を怖がっているようにしか映らない。確かに現実に車社会であるなら車優先のインフラ整備が必要というのはわかるが、それでは車を所有できない宇都宮市民や芳賀町民は、いつまでも交通弱者のままでいいというのか。住民がすべからく多様な公共交通機関を選択でき、交通弱者を生み出さないことが、高齢化がのっぴきならないところまで来ている地方では必要ではないだろうか。いま地方では高齢者による交通事故が多発している。高齢者がなかなか免許を返納できないのは、地方における多様性に乏しい公共交通が原因のひとつでもあるのだ。

概要だけ見れば宇都宮のＬＲＴは優秀だ

我が国のＬＲＴの成功事例として「富山ライトレール」がある。ただ富山の場合、富山港線の路線を使い、総事業費も各種補助金を利用して実質負担金は7億円と格安で、宇都宮のＬＲＴとは事業規模が大きく異なっている。しかし、宇都宮に負けないほどの車社会である富山で公共交通を重視した施策を、「邪魔だ」とか「渋滞を招く」といった意見がある中、実施した意義は大きい。しかも、富山ライトレールはそもそも「10年間は赤字」という前提でスタートさせたという。公共交通（鉄道）は社会的費用をあまり考慮されず、独立採算制に縛られているから、赤字となればすぐに廃線論が浮上する。宇都宮のＬＲＴは総事業費が大きい分、運営をする官民出資の第三セクター「宇都宮ライトレール株式会社」はなかなか黒字転換といかず、採算性にこだわっていた反対派の批判が集中するだろう。しかし、公共交通は運賃収入のみで赤字や黒字を判断するのは誤りで、総合的な都市経営の一環として街全体の活性化も考慮に入れるべきである。もちろんＬＲＴには、車と違って小回りが利かない、自動運転や無人化による経費削減が困難、対歩行者や対自動車の安全性の問題など欠点もあるが、きちんと地域の将来を見越したＬＲＴ計画の場合（自治体によっては「新しい交通機関は欲しいけど地下鉄や鉄道は高いからＬＲＴにしよう」なんで理由で導入を考えたりするところもあるがそれは論外)、そもそも狭い視野で考えてはいけないものでもあるのだ。

では、宇都宮にLRTができて何が変わるだろうか? まずこのLRTは運行間隔がピーク時は6分間隔、オフピーク時でも10分間隔、終電は23時台まであるので、基本的に時間を気にしなくてよく、バリアフリーにも対応し、交通系ICカードも使える。多分に富山ライトレールを参考にしているのだろうが、利便性(運行サービス)の飛躍的向上は多くの利用者を生み出すはずだ(学生など自転車利用者の乗り換え利用は少ないだろうが)。

そして国内初の新設LRTは大きな話題を呼ぶだろうし、宇都宮のイメージアップにもつながる。沿線整備にも力が入るだろうし、観光スポットに乏しい現状のルートでは、観光地の整備よりも不動産開発が活発になるはずで、公共交通の充実で車を持たない都会からの移住者も増えるかもしれない。

いずれにしろ、何百億円もかけて作り出す地域発展のチャンスだけに、開業後に宝の持ち腐れにはしないでほしいものである。

ようやくLRTの敷設工事がスタート。キャッチフレーズのように街を変え、発展させる切り札になり得るか？

敷設ルートにあたる鬼怒通りの脇には反対派の看板が。気持ちはわかるが、もっと物事をポジティブに捉えてもいいような気も……

LRTのメイン・トランジットセンターになりそうなベルモール。周辺の不動産開発も活発になりそうだ

鬼怒川にはLRTの専用橋がかけられる。柳田大橋も鬼怒橋も渋滞ポイントだけに、金はかかるが専用橋の架橋は当然か

どうして宇都宮は周辺都市に嫌われるのか?

見かけはいいのにモテない宇都宮

これだけ都市の規模がデカくなれば、当然「政令指定都市になりたい」なんて野望が出てくるものだが、そこは栃木の県民性の為せる業か、そうなりたい気持ちはあってもなかなか前面には出してこない宇都宮。市は市民からの「政令指定都市を目指すのか?」という質問に対しても、「政令指定都市の法定要件である人口50万人をクリアしましたが、国との協議のテーブルにつくためには、人口70万人以上が必要な状況です。（割愛）また、政令指定都市への移行につきましても、道州制導入や政令指定都市制度の動向などを見極めながら、慎重に検討してまいります」と答えている。割愛した部分には「慎重」という単語が実は出てきていて、最後にまた「慎重」と使っているから、これはかなり慎重である。というのも、宇都宮は合併希望相手に袖にされ続けてきた過去がある。どうも宇都宮は合併となるとうまくいかないのだ。

宇都宮は1896年の市制施行以降、宇都宮が属していた河内郡と芳賀郡の一部町村と合併を重ねて大きくなってきた。しかし、平成の大合併では、2007年に上河内町、河内町を吸収合併しただけに止まった。一応、約4万5000人を加えて、人口50万人を突破したわけだが、実際の野望はもっと大きかった。実はこれ以前に宇都宮は、1市8町（宇都宮、上三川、芳賀、高根沢、壬生、石橋、南河内、河内、上河内）による合併で、政令指定都市を目指していたのである。

対等の合併にはなりえない関係

しかし、この巨大合併が仮に成功していれば人口が約70万人となり、国との協議テーブルにもつけたかもしれない。だが、南河内町と石橋町は国分寺町と組み、独自に３町合併（下野市）を決めてしまった。宇都宮には「３町で独立してやってみたい」と連絡があったようだが、「結局議員さんとか土地のお偉いさんの意向が強かったんじゃないの。３町なら対等合併だからいいけど、相手が宇都宮じゃ対等じゃなくなるし。住民には宇都宮派も多かったんだけどね」とは旧石橋町出身者の弁だ。

結局、残る６町からは壬生と芳賀も離れ（芳賀は芳賀郡内で合併協議会を発足）、宇都宮は上三川町、高根沢町、河内町、上河内町の４町と合併計画を進めていくことになった。一方、高根沢町の住民投票で宇都宮との合併賛成が過半数を占めたことにより、宇都宮は高根沢と単独で合併協議会も設置。１市にふたつの合併協議会ができるという珍しい事態が生じた。

高根沢が宇都宮との合併に積極的だったのは、お隣にあった旧芳賀郡清原村の繁栄を見ていたからだ。清原は宇都宮との合併後、地区内に巨大な工業団地ができ、さらにテクノポリスセンター地区にも指定されるなど、宇都宮の産業拠点として確固たる地位を築いていた。しかし高根沢の町議会は、宇都宮との合併協議会と並行して芳賀町との合併協議会も設置するという荒技に出る。住民投票では宇都宮が優位に立っていたが、町内は宇都宮派と芳賀派で真っぷたつになり、最終的にどちらとの合併もせずに単独の道を選んだ。

これで宇都宮には1市3町の合併協議会のみが残った。しかし、合併に関する住民投票で反対多数だった上三川町が離脱（日産の大工場もあるしね）。結局この協議会は完全に空中分解してしまったのである。

のべつまくなしともいえる8町との合併計画を推進しながら、最終的には、生活圏がすでに一体化していた河内町と上河内町としか合併できなかった宇都宮。6町が宇都宮と合併しなかった原因は、合併した後のもろもろの優位性や公平性を宇都宮に対して感じられなかったからともいえないだろうか。実際、合併後の議員定数の問題、職員報酬の問題などでバランスを欠いたともいわれているのだ。相手が合併に際して何を期待しているのかを察して、宇都宮はそこに歩み寄れなかったわけだ。

まあ、それでも宇都宮の内心では将来の大合併をビジョンとして描いているはずだ。今度は失敗しないために、あくまでも「慎重に慎重に」なのである。

宇都宮とその周辺の関係

宇都宮市の平成の大合併経緯

2004年2月	上三川町と4市町で合併の法定協議会を設置
2004年5月	高根沢町と合併の法定協議会を設置
2004年9月	上三川町が合併協議から離脱
2005年1月	高根沢町と合併の法定協議会を解散
2006年7月	宇都宮市・上河内町・河内町で合併法定協議会設置
2007年3月	上河内町と河内町を編入し、新・宇都宮市が誕生

※各種資料より作成

もはや政令指定都市になろうとする動きは見られない宇都宮だが、
都市圏人口は巨大だけに、将来的に政令市になってもおかしくない

宇都宮との合併に対する住民投票では反対多数だった上三川町。まあ、日産の大工場もあるしねえ

住民の生活が完全に宇都宮に依存していた旧河内町との合併はなんとかまとまった

栃木県コラム 3

宇都宮のど真ん中にある商売の神様

栃木県にはふたつの二荒山神社がある。ひとつは日光の二荒山神社（ふたらさんじんじゃ）、もうひとつは宇都宮の二荒山神社（ふたあらやまじんじゃ）。祀ってある神様も違うし、名前の由来も違うのになぜか同じ名前なのだ。しかも両方とも「下野国一宮（下野でいちばん格式が高い神社）」を名乗っている。

ややこしいから普段は地名をとって「宇都宮二荒山神社」「日光二荒山神社」と呼んでいるが、この名前をめぐっては昔からいろいろとあったらしく、明治になって「日光」が全国区の「式内社」として認められると、「宇都宮」は「県社」に降格してしまった。その後「宇都宮」も式内社に復帰して、どちらも「一宮」として現在に至っている、ということらしい。

宇都宮の街はこの神社の門前町として栄えたといわれていて、「うつのみや」

という地名も「いちのみや」が訛ったもの（いかにも栃木っぽい訛り方だ）という説があるくらい。神社の「格」では、そう簡単に引き下がれなかったのだろう。
　そんな宇都宮二荒山神社は初詣、七五三、合格祈願、安産……と何かにつけて宇都宮市民がお世話になっている神様だ。中でも特にご利益があるのが戦勝祈願と商売繁盛だといわれている。戦勝祈願では、かの源頼朝や徳川家康がお参りしているし、商売繁盛の方では、宇都宮近辺のビジネスマンが大きな商談をまとめるときには必ずここに立ち寄り、お参りをするという。
　そんな宇都宮二荒山神社があるのは、宇都宮市街のど真ん中。ＪＲ宇都宮駅西口から西に延びる宇都宮のメインストリート・馬場通り沿いだ。駅から歩いて20分ほど、神社は通りからちょっと奥まった丘の上にあって、階段が長い！

参道のすぐ横には商業ビルがあり、馬場通りの反対側に神社の「下之社」があるが、パルコのイベント広場と一体化していて、神事をすると神主のバックに「グランバザール」というでっかい垂れ幕が見えたりする。なんとなくバチが当たりそうな気もするが、さすが商売繁盛の神様を祀る神社。商業活動については細かいことを気にしない!?

さて、高層マンションや商業ビルが立ち並び、一見にぎやかな宇都宮二荒山神社周辺。だが税金を投入して建設したハコモノも、ふだんから閑散としていて、あまり経済の活性化には役立っていない様子。困ったときの神頼み、ここは商売の神様になんとか景気を良くしてもらいましょ。

第4章
宇都宮衛星地域の天国と地獄

ワイルドな街・鹿沼に残る得も言われぬ栃木臭

夜になるとぶっとい排気音が街道に響く

栃木市・足利市と並んで県内首長給料ランキング3位の102万円（2012年4月時点）。地味～なようで市長の待遇はかなりいい鹿沼市。なのに財政力指数は2010年度のデータで県内15位の0・74。市長の給料を減らしたところで、どうせ財政改善なんかできやしないし！　という潔さが感じられるというもの⁉　政治家にまったく興味はない筆者だが、行政を揺るがす大問題も無いのどかな街で、財政状況も気にせずお金をもらえるなら、1期ぐらいやってみてもいいかな？　なんて不遜にも思っちゃいました。

戯言はこのくらいにして、何にもないようで必ず何かしらネタがあるのが本シリーズで扱う市町村なのだが、鹿沼ばかりは本当に困った（じゃあ扱うなよって話だが）。「これぞ！」という鹿沼の特徴が見つからない。園芸用土の鹿沼土は確かに全国区だが、ニラそばの知名度は「しもつかれ」には劣る。「まちの駅」設置数は日本一（市内に90カ所）らしいが、県内９位の観光客入込数２４８万９０８０人（２０１１年度）とのバランスはいかがなものか？

そんなことを考えながら、日がな１日市内を取材していると、あることに気がついた。宵闇が迫ってくると途端に、改造マフラーで重低音を響かせながら走り回る、巨大なウイングを背負ったヤン車が次々と現れたのだ。明るいうちはまったく見ないのに、夜になると湧いて出てくる族か珍走団かの正体は謎だが、昼間は結構真面目に仕事をしてるのかな？　と推測はしてみたものの真相は闇の中だ。

鹿沼ののんびり感でヤンキーまで牧歌的

そんな鹿沼のヤンチャ集団を見ていて、昼下がりの粟野地区で、大股開きでスクーターに跨る小太り・色眼鏡・ジャージ姿のヤンキーとすれ違った光景を思い出した。他愛ない光景をなぜ覚えていたかというと、見かけはとことんワルそうなのに、キチンとメットを被っていたのだ。一見ワイルドなのだが、なぜか憎めない。山っぽい風景と相まって、思わずほのぼのしてしまった。そういえば、楡木町付近で見かけたGA●FYのジャージ姿のヤンキーは、日産の無改造大衆車でウインカーを出して左折していった。こうしてみると、鹿沼のヤンキーには栃木県民の人の好さや律儀さが、強くにじみ出ている気がする。ロケットカウル＆三段シートの単車で練り歩くアンちゃんもいるが、鹿沼は案外平和な街なのかもしれない。北関東はヤンキーの巣窟（一般市民の運転マナーがヤンキー化したという話も⁉）といわれるが、そのなかでも栃木は比較的おとなしいとの話もあり、鹿沼を見れば、なるほど納得もできる。

ただ、実際に現地を取材していて厄介だったのは、改造車を転がすヤンキーではなく老人のほうである。交通量が増える夕方に、県道のど真ん中をリヤカー引いて悠然と歩いているのだ。時速3キロ足らずの老人の後ろは常に渋滞。それなのに皆、クラクションすら鳴らさない。あの類まれな辛抱強さは、栃木の県民性が純粋培養されている鹿沼民ならでは、という気もしてくる。

鹿沼民は鹿沼街道でアクセスもバッチリな宇都宮に、衣食遊を依存している。そのせいか買い物施設はスーパーのほかに福田屋百貨店くらいしかなく（テイセン鹿沼ショッピングセンターはビバホームになった）、大した商業施設や遊び場がない。思川のアユ釣り以外、ウリになる物も無いから知名度も低い。にもかかわらず、市域面積はやたらデカくて県内第3位！

没個性だけど、たまにはちょっとデカい顔もしてみたい――そんな栃木の県民性を映し出す鏡のような存在が、鹿沼という街のような気がしてならない。街道沿いを車で流していると、都会人なら一瞬顔をしかめるような何ともいえない香りが車内に流れ込んでくる。鹿沼に漂う栃木臭の正体とは、得もいわれぬ牧歌的な田園風景と相まって、時折鼻をつく〝田舎の香水〟とニラの臭いなんじゃないかとさえ思えてくる。

※　※　※

苦戦する地域百貨店業界で、栃木県の福田屋百貨店は「百貨店業界の勝ち組」として注目された。いち早くモータリゼーション社会へ対応するべく、宇都宮の本店を事実上閉鎖して郊外脱出を図り、「福田屋ショッピングプラザ宇都宮店」を開店。その後も郊外型の大型商業モールを次々と出店し、大成功を収めたからである。しかしその後は大型モールへの過剰な設備投資と売り上げ減少で赤字に転落。経営の足を引っ張っていた栃木店と真岡店は相次いで閉鎖された。しかしその中でも鹿沼店は生き残った。鹿沼店は地方都市の小規模デパートのような哀愁感はなく、郊外型の大規模ショッピングモールに近いため品揃えもよく、集客力も高いのだろう。

大した商業施設や遊び場がなかった鹿沼にすれば福田屋の存在感は今も大きいが、2018年はケーズデンキ、ヨークベニマル、コメリと大型商業施設の出店ラッシュが続いている。コストコの出店計画は中止になったものの、宇都宮と県南各都市の間にあって地理的条件のいい鹿沼は商業地として注目されてきている。鹿沼民にはうれしいことだろうが、老舗・福田屋も安閑とはしていられない。

よくある地方都市と同様、鹿沼は衰退する旧市街地と大型の商業施設が進出で活況を呈する郊外に二極化（分断？）されている

宇都宮餃子に欠かせない生産量日本一のニラ。市内全域をほんわか包む臭いに鹿沼民は慣れっこ

住みよい街から一転急降下！
真岡に何があった？

市議会でも飛び交った住みよさランキング

真岡市民なら、「住みよさランキング」はすでにご存知だろう。２０００年代前半からこのランキングの上位常連だった真岡市は、これ幸いに内外に向けて「住みよさランキング上位の街ですよ！」と喧伝したからだ（よほど嬉しかったのだ）。このランキングがどういうものか簡単に説明すると、東洋経済新報社が全国の市区の都市力を、安心度・利便度・快適度・富裕度・住居水準充実度で評価し、総合評価をまとめたもので、自治体などが公表する転入・転出人口比率や財政力指数、出生数など14の指標をもとに偏差値が算出される、というもの。

真岡がいつから住みよい街になったか定かじゃないが、わかる限りで一番古い情報では、2000年の週刊ダイヤモンドで発表されたベストシティランキングで、全国694市のうち市民1人当たりの都市公園面積が10位だった。そして2000年代前半には、住みよさランキングでトップ20の（ほぼ）常連に。その頃から市議会でも、住みよさランキングが殺し文句としてたびたび登場する。調べられる範囲での議事録での初出は、2001年12月。質問に立った議員が、「真岡市が誇りとしている住みよいまちとしての全国上位ランキングがあるが、現実にはまだまだ住みにくい地域がたくさんある」と発言している。10年以上も前から住みよさランキングは、市にとって心の拠り所になっていた。ところが、住みよさランキング上位常連だった真岡に、最近異変が起きている。それは、順位が急降下しているのだ。

住みよい街復活に必要なものとは？

そこで、原因を探るべく真岡市民への突撃を試みた。ほとんどは「わからない」と返ってくる取材活動で、唯一の収穫は「二宮町と合併したからじゃないの？」というオジサン。根拠はないけど説得力はありそうだ。早速調べてみると、二宮町と合併した２００９年のランキングで、真岡は前年３位から13位へダウン。ただ、この年から生活圏の広域化に合わせて集計方法が変わり、従来通りの集計法では真岡は10位の評価となり、新しい集計法が真岡に不利なことは否めない。しかも、二宮は高齢化率が高く財政力指数は低いので、ランキング上はお荷物だ。だが、２０１２年の突然の急降下っぷりはそれだけじゃ説明がつかないしランキングに影響を及ぼしそうな行政の怠慢も特に見当たらない。

住みよさランキング上位の都市を精査すると、生活環境が劇的によくなった新興都市や大都市近郊のベッドタウン、学園都市や人口急増中の都市などが目立つ。素直にあきらめるのか、それでもランキングにこだわるというなら、巨大な総合病院を誘致し、旧二宮との合併を解消する！

手っ取り早く指標に反映できそうな手立てはそれしかないけど……。

※　※　※

最新（２０１７年）の住みよさランキングで、栃木県内トップの自治体は宇都宮市（１０４位）である。これに続くのがさくら市（１１１位）、小山市（１２８位）、那須塩原市（１２９位）で、このあとに真岡市（１７３位）が続く。県内トップの宇都宮でも全国で１００位以内に入れないのだから、上位に入るのは至難の業で、真岡市が２００７年に６位、２００８年に３位となったのは、まさしくミラクルといってもいい快挙である。

では、大幅にランキングが下落した真岡が住みよい街でなくなったかといえば、実際はそうでもない。最新のランキングをさらに細かく見ると、快適度と民力度がずば抜けて高いのだ。快適度とは公共施設が快適だったり、新しい家が増えたりと、いわば街の将来性に対する指標。民力度とは事業所数や製造品出荷額、地方税収入額など、いわば街や住民の実力に関する指標。こうして見ると、真岡は人の循環（出入り）も活発で自治体には安定感があり、街に将来性があると見込まれているのだ。

ただ、ネガティブな要素としては安心度と利便度が低いこと。病院や子育て施設、商業施設が不足しているのだ。ここを改善できれば、真岡は全国上位とまではいかないまでも、栃木県トップの住みよい街にはなれるだろう。

住みよい街とされた頃と現在の真岡市の「住みよさランキング」推移

	2007年	2008年	2009年	2010年	2017年
1位	栗東市	守谷市	本巣市	みよし市	印西市
2位	砺波市	成田市	印西市	日進市	砺波市
3位	成田市	真岡市	砺波市	成田市	長久手市
4位	福井市	鳥栖市	守谷市	鳥栖市	かほく市
5位	鳥栖市	福井市	日進市	印西市	野々市
6位	真岡市	栗東市	坂井市	守谷市	魚津市
7位	守谷市	美濃加茂市	鳥栖市	美濃加茂市	鯖江市
8位	敦賀市	砺波市	成田市	つくば市	坂井市
9位	立川市	刈谷市	駒ヶ根市	本巣市	能美市
10位	刈谷市	立川市	美濃加茂市	守山市	守谷市
			13位：真岡市	29位：真岡市	173位：真岡市

※東洋経済新報社「住みよさランキング」参照

遊歩道も整備されたキレイな住宅街が広がる荒町。真岡鐵道を挟んで南北で景色が激変する

"ほぼ茨城"の芳賀郡地域の複雑な合併失敗事情

合併したいけどできない複雑な事情があるのだ！

日本では「結婚は家同士がするもの」といわれるが、あっちこっちの市町村合併のゴタゴタを眺めていると、つくづく合併は結婚と似ているなあ、と思ってしまう。家柄や収入の違いで一緒になれなかったり、両家のプライドがぶつかり合ってケンカになったり、どっちの家に籍を入れるかでもめたり、どっちの親と一緒に住むかで紛糾したりもする。場合によっては慣習や文化の違いが相容れず、破局するケースもある。一度結婚に失敗した経験がある筆者としては、破談に終わった合併話を聞くたびに、身につまされる思いがしてならない（涙）。市町村合併が交渉決裂する場合も、結ばれぬ恋とか婚約破談とか離婚に至るこれらのケースに大抵は当てはまる（だから合併話は面白い）。

とはいえ、平成の大合併では、道ならぬ恋や身売り同然でも、今後一生を添い遂げようと覚悟を決め合併に踏み切る自治体が、郡部を中心にわんさか見受けられた。が、それがどうだ？　芳賀郡5町で合併したのは、今のところ真岡市に編入された旧二宮町、ただ1町だけなのである。

では芳賀郡各町が合併に後ろ向きかというと、むしろ積極的なところが多い。2004年1月には、芳賀広域合併構想に基づき法定合併協議会が設立されている。参加したのは芳賀町を除く郡内4町と真岡市。芳賀町は財政力が高く（2010年度～12年度3カ年平均の財政力指数1・171は県内1位！）、ビンボー団体とくっつくことにメリットが見出せなかったのだ。その後、合併後の市庁舎の所在地などを巡り泥沼化した挙げ句、同年6月の茂木町の離脱をきっかけに協議会も解散する。この顛末だけでも、金目当てですり寄るビンボー自治体と距離を置きたい芳賀町や、町を格下に見る市（真岡のこと）であったり、合併主導の証でもある役所の置き場でもめたり、合併破談となるいくつかの要因があった。「益子と真岡の合併が決裂したのは、合併後の市の名前を巡り、

『ウチは元から市だから』と主張する真岡側と、『世界的にメジャーな益子焼の名前を残すべき』とする益子側の意見が対立したから」という真岡住民の話は、きっとこの時の協議会について話していたのだろう。

売れ残り状態の茂木に身請け人は見つかるか？

じゃあ、（芳賀町は除いて）どこかとくっつきたかったはずの芳賀郡各町が、すんなり合併をあきらめたかというと、実はそうでもないらしい。地元民に聞いて回ったところ、あくまで水面下での話として、茂木でこんな話があった。「茂木の町長と宇都宮の市長は仲が良くてね。なんならウチと一緒になるか？　と宇都宮から打診があったと聞いたね。芳賀とも仲が良いんだが、飛び地合併がネックで頓挫したらしい。本当は、工業団地もあるし、借金も少ない隣の市貝と合併できればいいんだけど、何を好きこのんでお荷物の茂木と合併しなきゃいけないの？　という上から目線が透けて見えるんだよね」。高齢者率が県内ナンバー１（32・16パーセント／２０１１年）の茂木の焦りを、住民もひし

益子町最大の窯元の敷地内に置かれた益子焼の七福神像。益子には益子焼という特産があるのが何よりの強み

ひしと感じているようだ。

何かとお騒がせな芳賀町は、過去に高根沢町とも合併破談になっている。どこまでも続く田園風景と、やたら交通量が少なくて飛ばしたくなる街道は茨城そのもの。こうなったら合併したい芳賀郡の町は、文化が似ている茨城西北部と越県合併に踏み切るしかないか。

芳賀郡の平成の大合併時のゴタゴタ

年度	事柄
2004年	芳賀町と高根沢町との第1回合併協議会開催 真岡市・二宮町・益子町・茂木町・市貝町で構成される合併協議会から茂木町が離脱表明 芳賀地区の合併協議会が廃止
2005年	高根沢町が宇都宮市との合併協議会の廃止を申し入れ
2007年	真岡市と二宮町が合併協議会を設置
2009年	二宮町が真岡市に編入

※芳賀郡各町のホームページなどを参照

敷地が広い芳賀町役場。道を挟んで向かい側の総合情報館はガラス張りの豪華建物

地元愛溢れる町・壬生の街おこしは攻めから守りへ

高齢化を睨んだ行革は他の自治体のお手本！

１９６５年におもちゃ団地が整備されて以降、壬生はおもちゃの町として栄えてきた。だが、加速度的に進む少子高齢化の影響は、おもちゃ業界にも忍び寄っている。

というわけで、将来的に財政が行き詰まることを見越してか、壬生では１９９５年から２０１０年の間に、３期延べ15年に渡って行政改革を実施した。そして各年度ごとに事業の評価を行い見直しをしてきたが、２０１１年度からはこれまでの内部評価に加え、第三者による外部評価も行われている。こういったものは有名無実化しやすいが、評価の結果を見ると６つの事業のうち３つを縮小するなど、意外としっかり機能しているようである。それはそれで立派なこと（当たり前なんだけどね）。とはいえ、今後ますます少子高齢化に拍車がかかることを考えれば、背筋も伸びるし気も引き締まるのだろう。

国立社会保障・人口問題研究所がまとめた『日本の市区町村別将来推計人口』（２００８年12月推計）によれば、２０３５年には壬生の町民は３万４３０８人に減少し、老年人口は１万１２８８人となり、老年人口割合は実に32・９パーセントを占めるらしい。シリアスな数字であることは誰の目にも明らかだ。ただ、人口10万人あたりの医師数全国４位、人口10万人あたりの看護師数全国５位といったように医療環境が充実しており、高齢者が住みやすい町と評判で、「ずっと壬生に住んでいたい」という郷土愛あふれる町民が近年増えてきているという。

壬生の２０１０年の実質公債費比率は３・３パーセント。２００６年が８・２パーセントだったのだから、猛烈な勢いで財政健全化が進んだようだ。数字で見る限り、健全な財政を維持するための基本方針「町債は返済額以上に発行しない」を崩すつもりはないようである。うん、エライ！

かつて盛り上がった街おこしプランはどうなった？

さて、そんな壬生だが、かんぴょう以外にウリになるものが無かった町が、かつてにわかに活気づいたことがある。キーワードは「ガンダム」と「ＡＫＢ」だった。

おもちゃ団地に工場を構えるバンダイナムコのドル箱キャラ「機動戦士ガンダム」に目を付けたのは、30人ほどの町の若手職員（といっても上は50代までいらっしゃったようですが）。彼らは「壬力（みりょく）隊」なる地域おこしグループを結成し（ネーミングセンスはビミョー……）、シャア専用ザクの実物大立像（約18メートル）の制作に乗り出したのだ。ガンダム人気に乗って街おこしを、というこの壮大な目論見は、２００９年に公開されたお台場の実物大ガンダムの反響の大きさに刺激されたある議員の発案だった。

ただ、バンダイミュージアムには等身大のガンダム像（上半身）が展示されているし（しかもお台場よりも先に作られた！）、それで十分ちゃ十分である。確かに完成すれば街のウリにはなったかもしれないが、製作費は10億円を下らないと試算されていた。オタク文化を基本的にわかっていない町に財政出動は望めず、ＳＮＳで世界中のガンダムファンに呼びかけて協賛や寄付を募るというプランも無茶があり、結局は頓挫（していると思われる）。現在、壬生町のシャア専用ザクは、バンダイミュージアム内にあるおよそ１７０センチほどの巨大フィギュアのみである。

そしてもうひとつのキーワード「ＡＫＢ」。ご存知の通り、壬生はかつてＡＫＢ48のセンターだった大島優子の出身地である。当時、ネット上で壬生はファンの聖地として取り上げられ、巡礼に訪れる人もけっこういたとか。総選挙のためにＣＤを１００枚も買うファンがゴロゴロいるＡＫＢに乗っかってたほうが、手っ取り早く街おこしになったと思われるが（かなり即効性の強いものだが）、こちらは行政が動く気配はなかった。シャア専用ザクの製作費より大島優子の肖像権の方が、ずっと安かったろうに。

壬生の街おこしは現在、「おもちゃのまち」はもとより、これまであまり知られてこなかった地元の特産・名物、スポットの掘り起こしと発信を官民が共同で行っている。これはこれでいいとは思うが、あまりにも堅実過ぎて面白味には欠ける。実物大のシャア専用ザクを作ろう！のような、突拍子もない思い切ったアイデアが再び出てきて欲しいところではある。

ちなみに先に触れたかんぴょうだが、壬生は県内ではじめてかんぴょう（ユウガオ）が栽培された場所であり、隠れた特産品でもあるが、かつて壬力隊はかんぴょうを使ったB級グルメを模索していたはずである。だが、かんぴょうを使った壬生の変わり種グルメは、現状で探しても見つからない。やはりかんぴょう巻以外に美味しく食べる手立てはないのだろうか？　地元じゃ味噌汁に入れるというけど「かんぴょう汁」じゃ地味だし、だからって「かんぴょうバーガー」とかでは安易だし、確かに扱いが難しい食材ではある。

そのかんぴょうはさておき、最後に壬生の街おこしについての私見を述べさせてもらおう。おもちゃもターゲットを大人にシフトさせている現在、この際だから「おもちゃのまち」も思い切って『大人のおもちゃのまち』を名乗ってみてはどうだろう？　勘違いされる覚悟は必要だけど、観光名所のひとつにはなるでしょ！

壬生町の観光名所であるおもちゃのまちバンダイミュージアム。ここでは原寸大ガンダム（上半身）がゲストをお出迎え

二次救急医療病院、災害拠点病院として地域の安心を担う獨協医大病院。ドクターヘリも完備する

栃木県コラム 4

B級グルメの隠れ天国

てっとり早く街おこししたいとき、B級グルメは便利だ。栃木のB級グルメで有名なのが宇都宮の餃子だが、その餃子のおかげで、宇都宮は全国的な知名度を得たといっても過言ではない。

その宇都宮で現在、新たな名物グルメとなっているのが宇都宮焼きそばだ。もちもちの太麺にキャベツ、肉、イカなどの具材と、最後に上にのせる目玉焼き。見かけはちょっと横手焼きそばっぽいが、薄味で出てくるので自分で好みの量のソースをかけて味を調整するというのが大きな特徴。

同じ焼きそばで変わっているのは、那須塩原のスープ入り焼きそば。塩原温泉郷のご当地メニューで、焼きそばを醤油味のスープを加えたもの。そのルーツは定かではなく、「元祖」をめぐって、いろいろと店同士の確執もあるらしい。

県内にゴルフ場が多い、という立地条件を生かして有名になったのが、かの

佐野ラーメンである。佐野ラーメンは、もともとゴルフ客の「うまい！」という評判が口コミで広がった。青竹で打ったコシのある麺と、鶏ガラやとんこつなどをベースとした、さっぱりしょうゆ味のスープ。近年、アウトレットで有名な佐野だが、栃木人にとって佐野といえば、やはり厄除け大師とラーメンである。

　昔から伝わってきたメニューがそのままB級グルメになったものもある。栃木や足利のジャガイモ入り焼きそばと鹿沼のニラそばだ。ジャガイモ入り焼きそばは、ゆでたジャガイモやイモフライを麺と一緒に炒めたもの。栃木南部では昔から焼きそばにジャガイモを入れる習慣があったので、これをB級グルメというと「じゃなくて伝統食だかんね（だがね）」といわれるのは必定。一方のニラそばは、もりそばにゆでたニラをのっけただけのもの。鹿沼は県内最大のニラの産地で、昔からそばの「いろどり」や「かさまし」として食べてきたのだとか。「味と匂いの強いニラがそばの風味を……」なんて野暮なことは言いっこなし。

また、忘れてはいけないのがレモン牛乳だろう。牛乳にレモンの香りと甘味を加えた乳飲料。レモン果汁は入っていないので、酸っぱいというよりはほんのり甘〜い。ちょっとミルクセーキのようなその味を忘れられないという栃木人は多い。

栃木のご当地メニューはお手頃（チープ）感といい、そこはかとなく漂う昭和のニオイといい、「こんなものがこんなにおいしかったんだ」というB級グルメの王道ばかり。県の印象は地味だが、全国でも屈指のB級グルメ天国なのだ。

第５章
元栃木県の中心！
県南が奏でる不協和音

プライド最強！　宇都宮を格下に見る栃木の矜持と憂鬱

宇都宮へ向く栃木のジェラシー

人口ではまだ勝っている小山市民が、「合併前の人口では圧倒的に小山より少なかった栃木に、なぜ今も国の出先機関が集中しているのか？」とボヤいていた。確かに栃木市には、宇都宮地方検栃木支部、宇都宮地裁栃木支部、簡易裁判所、家庭裁判所、職業安定所、社会保険事務所、労働基準監督署、税務署、挙げ句は栃木刑務所と、国の機関がごっそり固まっている。小山市民にしてみればボヤきたいのもわかる。だが、歴史的にみると県南の「センター」は、1873年に宇都宮県を併合し県都となった栃木で間違いない。

県都を巡って宇都宮と争った歴史は、栃木市民には忘れられない屈辱の歴史だ。栃木県庁が栃木市に置かれてからも、宇都宮への県庁移転を求める運動はあったが、取りつく島もなく却下されてしまう。ところが、１８８３年に自由党撲滅の急先鋒・三島通庸県令が赴任すると、途端に旗色が一変。自由党の巣窟だった栃木から宇都宮に、有無をいわさず県都を移転してしまう。ただ県名だけは政府のお達しで「栃木」が残された。

県庁移転の経緯は、県北・県央の宇都宮派の移転運動と三島県令の強権発動とされているが、県庁を奪われた栃木市民の側はそうは思っちゃいない。「栃木市だと南過ぎて県北民が不便だから、やはり県の真ん中に置こうと決まった」という、「栃木が仕方なしに折れた」という認識だ。これが本気なのか、悔し紛れに市民の間で広まった都市伝説なのか、真相は定かじゃないが、栃木市民の宇都宮に対するビミョーな感じがにじみ出ているように思えてならない。「そもそも栃木県のほうが力があったから宇都宮県を吸収した」という思いが、強烈なプライドと宇都宮への過剰な意識を生んでいる。だから、県庁の移転は県民の利益のためにやったことに仕立て上げているように思える。そのような傾向は高齢者ほど強く見られる。話を聞いた栃木市の老人が口を揃えていっていたのは、「こちらは古い街で高い建物もない。あちらは拓けてるし新しい街だから若い人も多い」という言葉。「別に今さらとは思うけど、もともと県庁はこっちにあったんだし、地元はやっぱり誇りに思ってるよ。宇都宮を卑下はしないけど、プライドだけは負けちゃいないね」とは、70代のお婆さんの言葉だ。

県庁を移転された栃木の恨みは根深く、20代のうら若い女性に聞いても宇都宮と対立した話は知っていた。しかも「宇都宮は空襲で焼け出されたのを機に街がきれいに新しくなっただけ」とも語っていた。挙げ句の果ては「宇都宮駅の大通りからちょっと外れるとほんとに田舎だから」なんて（地元のことは棚に上げて）、宇都宮に対してなんと辛辣なことか！

尻軽な合併相手に振り回されるなよ！

栃木市民がなぜ宇都宮に対して強気でいられるのか。それは県内にはびこる宇都宮への買い物依存体質と、一線を画しているからだ。２０１１年に福田屋百貨店が閉店したものの、市内にはイオン栃木、カインズモール大平、ヤオハンアイムがあるし、佐野プレミアムアウトレットもおやまゆうえんハーヴェストウォークも意外に近いから買い物は至便。特に旧栃木市は商人の町であり、宇都宮に買い物依存するなんて恥の上塗りで、絶対あり得ないことなのだ。

栃木市民がプライドを取り戻したのは、合併による勢力拡大が少なからず働いている。これまで藤岡、大平、都賀を２０１０年に、西方をその翌年に合併し、いまや14万都市へと肥大した。さらに、２０１４年4月5日には岩舟と合併し、県内3位の人口規模となる予定だ。数々の合併を経て、（ようやく）小山と互角に渡り合えるまでに成長してきたその姿は、まるで他球団のエースや主軸を次々と獲得していく某プロ球団の姿とダブる。

まあそれはさておき、もはや「街は小さいのにデカいツラしやがって」と揶揄されたかつての弱小栃木市ではない。こうなってくると目の上のタンコブだった小山との巨大合併も現実味を帯びてくる。もし合併することになれば、JR＆東北道と陸路のふたつの大動脈をひとつの市に集約できる。宇都宮との勢力拮抗も夢じゃない。

ただ、心配なのは岩舟だ。２００4年の大平、藤岡との3町合併破綻を皮切

今は名ばかりとなってしまった県庁濠。この清流にどれだけの市民の涙が注がれたことか

りに、栃木地区1市5町での合併が佐野との合併にひっくり返され、結局4回の住民投票を経て最後は栃木との合併に落ち着いた。優柔不断にもほどがある。さらに佐野との合併を決めた住民投票では、投票放棄を強いるなど、投票率を落として投票無効を狙ったグレーな妨害行為が一部で行われた、という話も聞いた。合併は結婚のようなもの。岩舟が出戻りにならなきゃいいが……。

※　※　※

本編の既報通り、2014年4月5日をもって岩舟町は栃木市に編入合併され、新・栃木市が発足した。本書で「合併は結婚のようなもの」と何度も書いたが、両市町の合併協定調印式は栃木市の結婚式場で行われた。合併先をめぐり紆余曲折した岩舟町だが、最後のどんでん返しもなく、その後、両市町長は栃木県庁を訪れ、知事に合併申請書を提出。栃木市長は「栃木市で良かったと思ってもらえるまちづくりをしなければ」とコメントしている。

しかし、合併を果たした栃木市は人口規模こそ大きくなったものの、街の衰退は多くの住民に指摘されるところ。蔵の街で有名な中心街は、家屋が市内を流れる巴波（うずま）川に沿って密集して建てられているため、駐車場を作るのも難儀。だから目立った商業施設が立地せず、観光地としても大きく発展しない。筆者も街を歩いたが、福田屋百貨店栃木店を改装して入所した栃木市役所に東武宇都宮百貨店が入っていて驚いた。栃木市とすれば、中心市街地にもそれなりの商業施設を置きたいのだろうが、まるで東武百貨店に栃木市役所が間借りしているかのようで、見た目はトホホである。

今や旧大平地区に商業の中心地は移り、旧市街地で多くの人を見かけたのは目貫き通りの「スタバ」くらい。これじゃもう矜持もへったくれもない⁉

市民が誇りにしている栃木高校。県内5指に入る進学校でもある。正門右の養正寮は1914 年築

東武に栃木市役所が入っているのではなく、福田屋百貨店を改装して入った栃木市役所の1階に東武が開業。ここは間違えなきよう

群馬県と思われている足利のライバルは太田

足利が太田とやたら競いたがる理由って？

足利のポテト入り焼きそばは、栃木市のじゃがいも入り焼きそばとは別物、という説がある。『足利市におけるポテト入り焼きそばに関する歴史的考察』というホームページより、以下にかいつまんで引用させていただく。――戦後の食糧難の時代、ゆでたじゃがいもとネギを炒め、ソースで味付けし青のりやゴマをまぶした〝ポテト〟という子ども向けのおやつが行商されていた。その後登場した焼きそばも〝ポテト〟の行商人が扱うようになり、やがて焼きそばのトッピングに〝ポテト〟が用いられるようになった――

つまり、「じゃがいも入り」は一緒だが、足利のポテト入り焼きそばは別々の食べ物の合作、ということらしい。そういえば、足利には焼きそば、ラーメン、あるいは珍しいコーヒーの屋台も残っているが、かつての〝ポテト〟や焼きそばの屋台で溢れていた頃の残り香、とは考えられないか？

市域の多くが山地で、かつ渡良瀬川で分断されている足利。だから可住地面積に対する人口密度は県内ナンバー1（2010年度）。地元民にいわせると「平地の少ない足利で勢力拡大しようとすると太田とぶつからざるを得ない。だから足利氏は新田氏とぶつからざるを得なかった」らしいのだが、足利尊氏と新田義貞は何度も戦火を交えているが、領土争いではなかったような……。

そんな歴史的背景（？）もあってか、「足利と太田は人の行き来はあるが、あまり交流はないし、基本的には仲が悪い」と聞いた。1985年から始まった足利高と太田高による「対抗戦」は、その象徴と捉えていいだろう。一方で、2008年から足利女子高と太田女子高の間で星松祭という交流活動も行われているから判断に困る。歴史の話といい太田との交流といい、足利市民の話と実状がビミョーに違うのだ。まあ、気位の高い足利市民だから仕方ないか。でも資料を漁ってみると、いうほど足利は太田に対してツッパっちゃいないことがわかってきた。『２０１０年版工業統計調査』で比較すると、製造品出荷額３４６０億円（全市区町村中２０４位）の足利と2兆２０６億円（同じく15位）の太田では、あまりに規模が違いすぎる。スバルやその下請け企業に越県通勤する足利市民も多いはずである。

太田依存は食いぶちだけではない。２００９年度の『地域購買動向調査報告書の概要』では、買い物で10・5パーセント、外食で15・1パーセントを群馬（ほとんどは太田でしょ）に依存している実態が暴かれている。

さらに、太田は北関東随一とほまれ高い風俗タウンだが、足利は風俗街すらない。なんやかんやで太田で収入を得たり、太田で金を落としている足利市民の実態が透けて見えるようだ。

県のエリア分けでは足利と佐野は県南じゃなくて両毛扱いだが、両毛エリアは病院不足が懸念されている。救急病院と産婦人科はとにかく手薄で、県を越えた連携が必要とされている。そもそも「仲が悪い」なんていっていられないのだ。結局、足利も太田も一蓮托生の間柄なんだが、赤の他人より近親憎悪のほうが根深いともいうし。この先も、仲良く合従連衡とはいかないいんだろうね。

太田のデリバリー風俗店の待ち合わせ場所のひとつが、足利の某商業施設というんだから、両市の関係は推して知るべし。足利と太田の生活圏はばっちり一緒であり、工業の街・太田にもっとも多くの労働者を出しているのも足利である。本編でも述べている通り、歴史の遺恨（足利氏と新田氏、矢場川村の越境分村など）はあっても、現状で目立った対立はなさそう。課題の連携も、足利と太田が属する両毛地域では、県を飛び越え、足利市・佐野市・桐生市・太田市・館林市・みどり市・板倉町・明和町・千代田町・大泉町・邑楽町の6市5町が「両毛広域連携」と称して、グルメラリーなどの活動を行っている。

※　※　※

また、あらためて地元で話を聞くと、両毛地域では同規模の都市が横並びのため、都市同士の自立性とライバル心が強く、実際は連携がヘタクソだという。確かに地域（両毛）ではまとまっても、都市同士1対1の連携活動はほとんど見られない。ただ、足利と太田の関係性についてある足利民は、「もしどちらも栃木、あるいは群馬だったら2つの街は合併していたかもしれない」と言っていた。当面のライバルに関していえば、意外な仲良しなのかもしれない。

東武伊勢崎線の足利市駅。市の中央を流れる渡良瀬川の南に位置する駅で、旧市街地やJR両毛線の足利駅は川の北にある

北関東道足利IC。両隣のICがやたら近いので、足利は間引いてもいいんじゃないか？

栃木人と都会人と外国人が混在する小山の野望

どうにも疑わしい小山の都民移住計画の本気度

2011年、地道に増えてきた栃木県の人口が一時は200万人の大台を割り込んでしまった。これに焦った県都・宇都宮市は、市の魅力を凝縮した『宇都宮愉快な暮らし図鑑』を発行。宇都宮の魅力を東京都民に猛烈アピールし、移住を推進する作戦に出た。この冊子、地元を持ち上げるだけのPRチラシと思ったら大間違いで、「シャイで人のいいダッペーズ」という市民の気質を紹介するページでは「ちょっぴり自虐的なのも、相手をたてる気持ちの表れ」と、栃木のネガティブな県民性もサラリと書いている。ただ、「宇都宮人は一言でいえば、素朴でシャイ。でも東北人の寡黙で内に秘めた感じとは、また違う」

というクダリには、南東北呼ばわりされる民の悲しい性が見え隠れする。

この『宇都宮愉快な〜』が発行されて約1カ月後。宇都宮と同じく都民移住をなんとか推進したい小山市で、ひとりの市民が「東京都民の小山市移住をすすめるため、小山市の強みをPRしてはどうか」という提言を行った。それに対する市の回答を要約すると、「小山市は東京圏から60キロという好立地で、JR宇都宮線・東北新幹線も利用でき、地震の被害記録もなく安全な場所。また、市民生活の充実を図っているので、順調に人口は増えている。これからも広報活動には力を入れますよ」ということらしい。市は「小山都民」の推進には真剣なようだが、小山市民の危機感との温度差や、宇都宮のアクションを考えると、本気度がやや足りない気もする。

小山が忘れちゃならないのは、こういう話じゃないだろうか。30年前に東京から小山に移住した、というおじさんが語るに、「東北新幹線ができるまで小山駅前には田んぼや沼地が残っていた。その頃はまだ国道4号線も未舗装でね。へんぴな片田舎だったんだ」。

今じゃ県内第2の都市と胸を張っているが、ちょいと時代をさかのぼれば埃っぽい田舎町だった。国土地理院の資料で小山駅周辺の空撮画像を見てみると、1975年の段階で西口はすでにびっしり建物に埋め尽くされているが、東口は駅前エリアの城東2丁目界隈すら数えるほどの建物しか建っていない。人口が増え続け駅前に高層マンションがバンバン建てられている現状を、当時誰が想像しただろう。不動産価格の下落と共に共働き夫婦を中心に職住近接が好まれるようになり、郊外型ベッドタウンでも「駅からバス10分&徒歩5分」的な不便な住宅街やマンションは壊滅状態と聞く。ここらが小山の踏ん張りどころだろうに、小山を大きく発展させたあのガツガツした感じが欲しい。

このままじゃ栃木市の抵抗勢力の座も危うい？

さて、小山が「小山都民」を増やしたい理由はさまざまある。その中で本気か否か、何かキナ臭さを感じるのが、「県南で宇都宮に対抗し得る中核市を実現する」というものだ。

1998年に栃木市・小山市合併協議会を設置して以降、小山市は近隣自治体との合併なども探ってきたが、いずれも物別れに終わった。平成の大合併という巨大ムーヴメントの中で、小山ほどの都市がどことも併合できぬままタイムリミットを迎えたのは、むしろ珍しいこと。片や栃木市は、２０１４年の岩舟町との合併後には、小山に伍する勢力となる予定だ。

栃木のような歴史と由緒ある街に対して、小山のような新興都市が持ち得る唯一の武器は数の力だ。高度経済成長期から右肩上がりで人口増加の一途をたどった小山も、ここにきて明らかに人口増加のスピードは鈍ってきた。２００９年１月に５５５４人を数えた外国人も、２０１２年10月現在で４６４１人まで減少している。「以前は公園で夜中に音楽をガンガン鳴らして踊っていて警察を呼ばれたり、地元民と揉め事が絶えなかったけど、今はむしろ日本人よりマナーがいい」なんて地元民の声を聞くと、いっそ「小山都民」をあきらめて外国人誘致に力点を置いたほうが、数の力に訴えるなら手っ取り早いんじゃないの？　とさえ思えてくる（周囲に雇用先がもっと必要になるけどね）。

小山市民の中には、「裁判所とか税務署とか、国の出先機関をなぜ人口が少ない栃木市に置くのか？」と不満たらたらの人も多い。たかだか２年前まで小

小山駅東口の白鴎大学の新本部キャンパス。超立派だけでなく、キャンパスまで駅からわずか徒歩１分というのも学生に好評

山の半分しか人がいなかったのだから、そう思うのも無理はない。でも、合併のうねりの中で、再復権を目論む栃木の野望は果てしない。今のように市の伸長が停滞気味では、栃木との合併話は小山のほうが明らかに分が悪い。そろそろ小山も本腰入れないとヤバいんじゃないの（合併相手は結城？）。

※　※　※

筆者のような北関東民からすれば、小山を新興都市とするのは若干抵抗がある。栃木市と同じように歴史や伝統がある街だし、小山ゆうえんちには懐かしい思い出もある。ただ、小山はニュータウンの開発も盛んで、新住民も増加しており、今や人口だけでいったら栃木県のナンバー2。つまり、小山は今や栃木市を凌ぎ、宇都宮の対抗軸になったという意味での「新興都市」なのかもしれない。

小山駅に降り立つと、２０１２年に取材した当時と比べ、とくに東口の変貌ぶりがすさまじい。もともと工場があった跡地にヤマダ電機や巨大なイトーヨーカドーが立地し、目の前には、白鴎大学の本部にあたる新キャンパスがどんと控える。さらに再開発事業でタワーマンションも建設され、今や古びた繁華街が広がる西口よりも、こと発展に関しては東口が一歩も二歩もリードしている。どうやら小山は、新幹線停車駅であることを踏まえ、駅前に大半の都市機能を集約するコンパクトシティ化を推し進め、中心市街地の活性化を図るつもりのようである。

その新幹線、小山・東京間は約40分。新幹線駅にして東京に近い立地条件も小山の街の発展に一役買っているようだ（この距離なら通勤定期代を全額支給する企業もある）。

小山駅西口のロブレ。テナントではイズミヤ、ドンキ撤退と悲報が続いたが、地元民の強い要望でドンキが復活した

小山駅の西口の再開発予定地（城山町2丁目）周辺。今後ここにもタワーマンションが建つ？

“でぇ〜っけぇ”新都市ができた佐野に起きた変化

便利になったか不便になったかわかんねぇ

２００３年の佐野プレミアムアウトレット開業で（事実上の）産声を上げた佐野新都市。交通至便な当地にできた産・学・遊・住を包括的に備えた計画都市は、今や北関東随一の集客力を誇る一大商業&レジャースポットとなり、アウトレットの開業年には６１４万余人だった市内観光客は、８１４万余人にまで増加したのだ（２０１１年度）。

新都市ができて市民の生活は、確かに豊かになったし便利にもなった。もちろん雇用も拡大した。だが一方で、休日ごとにアウトレットを目指す車が長蛇の列をなし（東北道佐野藤岡ＩＣ付近の本線まで数珠つなぎ！）、市民の交通の妨げにもなっている（国道50号の拡幅で少し解消したが）。

しかも、その影響は新都市付近だけでなく、旧市街にも起こっていた。佐野駅付近で地元民に聞いて回ると、「（新都市ができて）車だけは増えたな」という人がとにかく多い。「車だけ」というのがミソで、駅近くの目抜き通りの例幣使街道など、停まることがない車列ばかり。歩く人は減り、かつての賑わいはない。それでも新都市へ行くついでに旧市街にも足を伸ばしてくれればいいが、赤信号以外に車を停める気配すらない。通りを1本入ればさらに静けさは増し、昼間だというのに商店街は閑古鳥の鳴き声以外は聞こえない。「昔は正月になると厄除け大師の参拝客で人が溢れ返った。その頃の賑わいが懐かしい」とは70代の老人の話。閉館した映画館があったという駅至近の一角は、今はマンション風の建物が建ち日本料理屋が営まれている。「車は通るけどお金は落としていかねぇ」とぶっきらぼうに吐き捨てる地元商店主の気持ちもよくわかる。

「イモフライ」は佐野を救えるのか？

『わが国の自動車保有動向』によると、２０１２年3月末現在で佐野市民の世帯あたり車保有台数は１・６３５台。県内で3位、全国で17位だ。全国屈指の車依存社会でありながら、新都市のアウトレットやイオンモール佐野新都市を目指して、市内外はもとより他県ナンバーも押し寄せてくる。アウトレットモールの商圏はとても広くて、車で90分とされている。関東圏～仙台までが商圏と考えていい。新都市バスターミナルのおかげで高速バス路線も豊富だ。新宿駅、大宮駅、新越谷駅、さらには新潟駅への直行バスも運行されている。そのため、国道50号や佐野環状線沿いの住民から、騒音に悩まされている、という声もあった。

これらの問題点も踏まえ、市は２００９年に『佐野市都市計画マスタープラン』を策定した。注目は、多様な都市機能を市内4拠点に集約し、拠点間を公共交通や道路で結び連携を高める【イモフライ型都市構想】。渋滞解消や旧市街の活性化に結びつくこともちろんだが、市内4拠点を「イモ」に、拠点間

佐野新都市周辺は東北道佐野藤岡ICや国道50号と隣接。さらに北関東道も全線開通とアクセスは超至便。そりゃあ客もワンサカ来る

をつなぐ交通軸を「串」に見立てた〝イモフライ〟というB級なネーミングが秀逸。しかも資料には、「イモフライとは、蒸かしたジャガイモを一口大に切り、串にさし衣をつけて油で揚げた佐野市の名物料理」と、写真入りの説明書きまで添えられている。イモフライのように市民に受け入れられるか、舵取りが見ものだ。

※　※　※

完全に佐野観光の目玉として定着したのが佐野新都市である。新都市のアウトレットやイオンモールの集客力は、取材した2012年当時よりも高くなっており、休日となるとかなりの人出

になるようだ。新都市ができてからの佐野の課題は今も変わらない。アウトレットやイオンモール目当てで佐野にやってくる人は、街中はスルーでほとんどお金は落とさない。市もスポット、グルメ、伝統文化などで旧市街地の良さを発信しているものの、お金を落とすのはラーメンやイモフライなど有名店ぐらいで、そこから街中を観光しようとはまずならない。どうしても「点」の観光で「線」が生まれにくくなっている。

筆者の主観でいえば、ラーメンなど誰もが知るコンテンツはいっそ発信しなくてもいいのではと思う。それより佐野を調べると、新都市の客層が喜びそうなものが意外とある。観光農園は家族で楽しめるだろうし、佐野厄除け大師にしろ、たとえば街の商店とコラボして定期的に縁日を開催しても面白いんじゃないだろうか。やはり客層を絞ったコンテンツの掘り起こしと企画力で勝負しなくては、新都市との格差はなかなか埋められない。

しかしまあ、人気の巨大商業施設やら、全国に名立たるラーメンやら、関東三大厄除け寺やら、観光コンテンツに乏しい地方都市なら泣いて喜ぶラインナップなのに……「お宝」が多いなら多いで悩みは尽きないものだ。

栃木県コラム 5

嗚呼懐かしの小山ゆうえんち

「おっやまっ、あっれまっ」というテレビコマーシャルでおなじみの（桜金蔵の「おやまゆ〜えんち〜」というのは後期のバージョン）小山ゆうえんちは、東京ディズニーランドや東京ディズニーシー、USJも無かった時代の子どもたちにとって夢の楽園だった。

小山ゆうえんちが開業したのは1960年。突然山の中にできた巨大遊園地にみんな驚き、県内だけではなく茨城や千葉からも、町内会でバスを仕立てておしかけた。それくらい関東人は小山ゆうえんちに熱狂した。小山ゆうえんちは栃木人にとって、「どの家にも家族と小山ゆうえんちで撮った写真がある、家族みんなの思い出のある場所」。まさに映画「三丁目の夕日」の世界なのだ。

開業当時は本格的な遊園地がどんなものかなんて、誰も知らなかった時代。そんな頃、なぜ敷地面積約10万平方メートルもあるような遊園地が小山に作ら

小山ゆうえんち跡地に出来た「おやまゆうえんハーヴェストウォーク」

れ、テレビコマーシャルまで打って（関東では）メジャーになっていったのだろうか？

小山市の記録によると小山ゆうえんちは「（経営母体の）思川観光の社長だった林卯吉郎の別荘を遊園地として開業した」らしい。しかしこの林卯吉郎という人物、観光会社の社長だったという以外、今もって正体不明なのである。敷地10万平方メートルの別荘を持っていたわけだから、相当な資産家だったということはわかる。だが、会社が倒産したときに資料が失われたといっても、創業者のプロフィールがまったく伝わっていないのはいくらなんでもオカシイ気がする。何かあやしいウラがあるようではないか（考えすぎ？）。

最盛期には年間入場者数が１２０万人にの

ぼった小山ゆうえんちだが、1983年に東京ディズニーランドが開業すると、入場者はどんどん減っていった(他の遊園地もそうだったが)。もうみんな、小山ゆうえんちでは夢を見られなくなったのだ。

1992年に親会社の思川観光が倒産すると、小山ゆうえんちも連鎖倒産。出店していたダイエーが経営支援に乗り出して1999年夏にリニューアルオープンしたが、ダイエー自体の経営が怪しくなり撤退。そして2005年2月にひっそりと閉園した。現在では遊園地の施設は取り壊され、跡地は「おやまゆうえんハーヴェストウォーク」というショッピングセンターになっている。無くなる前に、家族で写真を撮った「あの日」の小山ゆうえんちにもう一度行ってみたかった、そんな人は今でも意外と多いんじゃないだろうか。

第6章
弱り目に祟り目で県北が泣いている！

斜陽のリゾート地・那須高原の再生は遠い道のり

原発事故で高級リゾートが崩壊

那須の敷居は高い。

那須といえば高級リゾート地。そしてなんといっても御用邸がある。那須高原に別荘を持ちたい、定年になったら住んでみたいと思っている団塊世代などは特に、那須高原に対してロイヤルかつアッパーなイメージを抱いているのではないだろうか。

しかし今、そんな那須高原がピンチを迎えている。原因は2011年3月に起こった福島第一原発事故だ。事故後「那須高原はホットスポット」という情報が流れ、それ以後観光客の足がパタッと途絶えてしまったのだ。「原発事故以後、放射能を心配して、特に家族連れが那須に来なくなったね」

　あきらめ気味にそういうのは、那須温泉郷の旅館関係者。那須高原を訪れる観光客は大半が首都圏からの客で、特にクルマでやってくる家族連れが多い。例年、行楽シーズンになると、大動脈ともいえる那須街道は、いつも深刻な交通渋滞が発生してそれが名物だったのだが、地元の観光業者いわく、「2011年は夏休みになっても渋滞すら起こらなかった」という有り様だった。

　那須高原は観光資源が豊富だ。逆にいえば観光以外の産業は農業くらい、という地域でもある。その主幹産業のひとつが大きく揺らいでしまったのだ。

　加えて原発事故は、那須に別荘を構え、優雅なリゾートライフを送る富裕層にも衝撃を与えた。那須高原の土地価格は、バブル真っ盛りの1990～91年頃がピーク。バブル崩壊後に大きく値を下げ、ここ数年は中国人など外国人の富裕層向けに別荘を売り出し、なんとか取引価格を安定させていた。しかし原発事故のせいで、さらに下がるハメになった。しかも那須の別荘地はほとんどが個人所有。その資産価値が大きく下落してしまったのである。

　ある地元不動産業者は「那須高原の別荘地は今が底値。これから上がる気配なので買いどき」という。しかし実際のところは「(放射線量は)健康に影響がない値で推移している。とはいえ何が起こるかわからないので、購入はあくまで自己責任で……」ということらしいが。

那須低迷の原因は「ブランド」の甘え

那須高原の観光客が減ったのは、原発事故だけが原因ではないという見方もある。1997年以降、那須高原の観光客数は減少したまま低空飛行を続けていた。原発事故はそれを一気に墜落させただけと辛辣に捉える住民もいる。

地元観光業者は「これまで那須のブランドに頼りすぎていたかもしれない」というように、観光客を迎える側に「どうせ何もしなくても客は来る」という甘えがあったし、実際それで那須の観光は成り立っていたのだ。

そんな具合だから、一部の宿泊施設や店舗に対して観光客からは、「一見さんだと思っているのか、客に対する謙虚さが感じられない」「高級イメージのせいか、なんでもかんでも値段が高いのでは?」という厳しい批評も多々あったようである。

震災から2年近くが経過した現地に行ったが、那須高原に観光客がいないという印象はなく、休日にはそれなりに賑わっているようにも見えた。東北自動車道を使って、東京方面はもとより、東北からも多くの観光客がやってきているようではある。だが、観光客は日帰り客が多い上に、全体数も２０１０年の８～９割がせいぜいじゃないかといわれている。

那須に「御用邸がある高級リゾート地」というイメージは未だにあっても、原発問題がすべてをぶっ壊してしまった。起きてしまったことは仕方がないが、那須が復活を遂げるには、まだまだ厳しい道のりが続くだろう。じゃあ那須はこれから何をすべきか。那須のリッチでアッパーなイメージは地元民の優越感のためにあるのではなく、来る者に味わってもらうもの。そのために何をどうすればよいのかをまず考えること。それが復活の糸口なんじゃないか？

※　※　※

２０１１年3月11日の東日本大震災発生とその影響による福島第一原発事故で、まるでもらい事故のような風評被害を受けたのが那須だ。放射線量について、行政の調査で基準値以下、独自測定では線量が高いなどなど、情報が錯綜し、果ては天下のＮＨＫが「那須塩原はホットスポット」と報道したもんだから、市役所はてんやわんやの大騒ぎとなった。

それからおよそ7年以上が過ぎた。こう言ったら何だが、原発事故が起きた福島県以外、風評被害についてはほぼ払しょくされたといってもいい。ただ風評被害は時間だけが解決するわけではない。鍵になるのはやはり信用。そして那須の助けになったのも「ブランド」という名の信用であり、「ブランド力」だったといっても過言ではない。

産物の安全や安心は、生産者が口にするだけではなく、生産者・取引先・消費者の相互ベクトルによる信頼関係が積み重なり、自然と生まれてくるものである。それがブランド力というものだ。那須のブランド品といえば、生産農家が丹精込めて育てた特選和牛の那須和牛や、雄大な自然で育てた乳牛から絞った牛乳から作られる乳製品、高原野菜やハウス栽培の特選野菜など、高品質で「ロイヤルリゾート」ならではの高級感も消費者を惹きつけてやまない。そのもともと持っていた魅力と、生産者・取引業者が改めて行った嘘偽りない安全性やおいしさのアピールが、消費者を呼び戻したのだ。本編には、かつて那須観光の低迷を受け、「これまで那須のブランドに頼りすぎていたかもしれない」と漏らす地元観光業者の声を載せているが、そのブランドに地元は助けられたのだ。上級なブランドがあり、それらを扱う人に謙虚さやおもてなしの心があれば、人は戻ってくるのである。

また、食べ物ではないが那須名物である温泉についても、震災後3年ぐらいで、地元の温泉ホテルや旅館への客足が震災前の8割程度まで戻ったという。今ではかつて原発事故の影響を懸念していた外国人観光客の姿もよく見かける。彼らに言わせると、自然が豊かで温泉や農場が多く、自然を体験できるアクティビティが充実していることが那須の魅力なのだそうだ。

だが、個人的には懸念もある。那須のは秘湯・珍湯が多いが、それら昔ながらの味のある温泉が老朽化もあって廃業しているのだ。こうしたディープな温泉群は、ロイヤルリゾートというには程遠いが、地元の宝として何とか残してくれませんかねえ？

那須といえば別荘地。木々が鬱蒼と茂る森の中に多くの高級別荘が分譲されている

良質かつ多彩な温泉が湧き出していることで有名な那須温泉郷だが、震災後は客足が減ったという

巨大化したくなかった旧日光市の誤算

面積だけなら「メガシティ」です

現在の日光市は２００６年３月、日光市、今市市、藤原町、足尾町、栗山村が合併して誕生した。この合併によって生まれた新生・日光市は、面積では栃木県だけでなく関東地方で最大、全国の市では高山市と浜松市に次いで全国３位、栃木県の面積の約22パーセントを占める巨大な市になった。

しかし、この２市２町１村の合併は、肝心の旧日光が一時、その枠組みから離脱してしまう。最終的には住民投票を行い、その結果、ようやく合併が決まるというドタバタぶりだったのだ。

合併しなくてはならない自治体はどこも財政が厳しく、議員や公務員数、公共事業やサービスを見直さなければならないところばかりである。旧日光も例外ではなく、実状を考えれば、合併を拒否するどころではなかったはずだ。しかし、このときのわだかまりは、今でも市民の間に根強く残っているという。

合併当時の各市町村の人口は、今市が約6万2000人、日光が約1万6000人、藤原が約1万人、足尾が約3200人、栗山が約2000人。合併して名前こそ日光市になったが、現在の日光の市役所は旧今市のもの。事実上、今市が日光を吸収合併したということに他ならない。

今市がもっとも多い人口を抱えていたのだから、パワーバランス的に考えて已むを得ないことだったが、旧日光にしてみれば、そうもいっていられないワケがあったのである。

旧日光と旧今市の気まず~い関係

合併前の各自治体の議員定数は、今市:26人、日光:18人、藤原:18人、足尾:12人、栗山:10人の合計84人。これが合併後は今市選挙区:14人、日光選挙区:

６人、藤原選挙区：５人、足尾選挙区：３人、栗山選挙区：２人の30人になる（２０１０年の選挙から統一選挙区になった）。日光選挙区は、18人→６人と３分の１。旧日光にすれば、数の力の差で新市政のキャスティングボードを旧今市に握られるのが明らかだったから、この合併には戸惑いもあったのだ。

日光の平成21年度の市民意識アンケートによると、合併はしたものの旧日光の住民からは、「旧今市のまちづくりばかりが進んで、旧日光は進んでいない」「新日光市に今市カラーを強く感じ、とまどいも多い」「上下水道料金などが高くなり、旧今市のみが発展している」と、新市政への恨み節ばかりが聞こえてくる。一方、旧今市の住民からも、「昔の今市が好きだったので合併しない方がよかった」「旧今市より市民サービスが悪くなった」と不満の声が上がっている。「イマイチの市」なんてバカにされていた今市が、世界遺産の街・日光と一緒になるんだからさぞ喜んだろうと思ったが、それは大きな勘違いだった。

誤算だらけだった合併を悔やむ声がある一方で、合併を「うれしい誤算」にしている地域もある。足尾地区だ。足尾銅山は閉山後、観光施設となっているが、２０１１年の原発事故の影響で観光客が激減した。しかし「日光」というブラ

日光線と鬼怒川線が乗り入れ、鬼怒川線の起点駅でもある下今市駅。駅舎は整備されたが周りには何にもない。東武日光駅とは大違い

ンド力で、2012年の観光客数は増加しつつあるそうだ。おそらく「足尾町」のままではこうはいかなかっただろう。

合併をただの誤算にするかうれしい誤算にするか。栃木の観光の斜陽化が叫ばれる中、今は恨み節をいわずに、各地区が密に連携して観光の活性化に取り組んだ方がいいんじゃないでしょうか？

※　※　※

2018年4月の市長選で当選した旧今市出身の現市長のキャッチフレーズは「強く、優しい、人が輝く日光」。そこにはすべての市民が生き生きと輝

いて暮らすことができるようにという願いが込められているが、紆余曲折ありながら5市町村で合併し、得たものは「待ったなし」の人口減少と高齢化である。そりゃそうだ。すでに限界集落化していた自治体まで加えたのだから。

２０１５年の国勢調査では日光市の人口は約8万3０００人。前回調査では約9万人だから、実に７０００人も減った。２０１５年の日光の高齢化率は32・5パーセント。高率だが酷過ぎるわけではないが、２０１０年よりも率は上がり、老人自体は後期高齢者も含め増加した。つまり、老人の自然減は７０００人減の主要因ではない。それより深刻なのは、生産年齢人口の大幅減少だ。２０１０年は約5万４５００人で、２０１５年は約4万７３００人。ちょうど７０００人程減っている。年少人口も２０００人規模で減っているので、今の日光は若い世代の流出分を老人でカバーしているような状態なのである。今後、高齢化率のさらなる上昇はおそらく避けられず、そうなるといくら一大観光地の日光でも、社会保障費の増大で自治体を維持していくことが難しくなる。旧日光地区の人たちの合併に対する後悔先に立たずの思いは、今後益々強くなることだろう。

足尾にある旧鉱山社宅。足尾は閉山以降廃れる一方だったが、日光への合併で観光客も増えている

合併して巨大になった日光。主導権を握っているのは今市だが、旧日光のプライドは相当高い

観光都市・日光は低迷から脱出できたのか？

観光客が増えたのは陽明門のおかげ？

日光市は世界遺産である二荒山神社、東照宮、輪王寺などの社寺、鬼怒川や湯西川などの名湯・秘湯、戦場ヶ原、中禅寺湖、華厳の滝などの景勝地、東武ワールドスクウェアや江戸ワンダーランド日光江戸村などのレジャー施設を擁する、栃木県内屈指の観光地である。

だが、これだけのコンテンツがありながら、日光は長らく観光産業の低迷が指摘され続けてきた。日光の社寺は世界遺産登録後も客足が伸び悩み、温泉にしても、団体客向け温泉郷の草分け的存在ともいえる鬼怒川温泉が不振に陥った。さらにそこに追い打ちをかけるかのような２０１１年の東日本大震災。福島第一原発事故のある福島県に近い栃木県の観光客は激減。日光でも中禅寺湖のヒメマスから基準値を超える放射性セシウムが検出されたこともあり、釣り客が激減したほか、日光を訪れる観光客まで激減してしまった。

ただ2011年以降、年を経るごとに日光の観光客数は震災前の水準に戻ってきた。しかも2017年には観光客入込数が約1210万人と、2006年の合併以来最高の数字を叩き出している。この好調の主役はもちろん日光東照宮で、この年、陽明門が平成の大修理を終えて4年ぶりに一般公開されたことが大きい。日光の社寺の中でも、陽明門をはじめとする東照宮の求心力は非常に高く、2015年も東照宮の400年式年大祭が注目を集め、この年の観光客入込数も合併以来最高の約1196万人を記録した。実際、日光の地域別観光客入込数を見ても、東照宮など社寺が集中する日光地域が、入込数全体のおよそ半数を占めている。

また、インバウンドへの対策について、日光は常々「都心とのアクセスはいいのに呼び込めていない」「外国人は浅草寺は行くのにそこからの周遊ルートになっていない（浅草から東武で1本）」と指摘されていた。実際、好調なイ

第6章 弱り目に祟り目で県北が泣いている！

ンバウンド市場の恩恵を受けられず、2014年あたりまで外国人観光客数は震災前の水準に戻し切れないでいた。が、それが一転、2017年には外国人宿泊者数で過去最多の約10万人を記録するまでになった。ただそれでも外国人の多くは都心に宿泊しているため、日光観光は日帰りが主流だが、東照宮の最寄り駅にあたる東武日光駅は多くの外国人で溢れ返り、現在の日光がインバウンド需要をしっかりつかんでいることがわかる。

しかも、中国や台湾などアジア圏からの観光客数が横ばいの一方、北米や欧州、オセアニアからの観光客数が約1・5倍増と急増しているのだ。東照宮をはじめとする社寺や史跡は、日本文化に興味のある欧米人にすればとても魅力的な環境といえる。そんな日光の素晴らしさを欧米人は口コミやネットで伝え、それが呼び水となり、別の多くの欧米人が日光にやってくるというサイクルができている。さらに、東武鉄道が競合相手となっていた東京の社寺（浅草寺）や東京スカイツリーといった観光ルートに日光を組み入れ、外国人の周遊ルートとして一体化させたことも大きい。

東照宮への徒歩観光の魅力アップを！

では、東照宮を擁して好調な日光地域に課題はないのか？　その答えは簡単で、現地にいけばよ～くわかる。渋滞である。

日光駅方面から東照宮へと向かう道は国道119号（日本ロマンチック街道）だが、神橋近くは平日だというのに時間帯によっては渋滞がひどく、休日ともなれば車がなかなか動かない状態が続く（かつては行楽シーズン以外の平日は空いていたというけどね）。道は片側一車線、自家用車に加えてバスも多いのがネックで、東照宮に車で行こうとすると、タイミング次第で到着するまでに相当な時間を要してしまう。

もちろん駅から東照宮まで歩くことも可能だ。外国人の多くは徒歩で往復している。しかし、高齢者の旅行者となるとそうもいかないだろうし（行きは若干傾斜が上りだしね）、彼らが休日や行楽シーズンに路線バスを使おうものなら、東照宮観光だけでかなりの時間を使ってしまう。一方、マイカー組も東照宮まではもとより、駐車場にたどり着くまでが一苦労。最後はドライバーがヘトヘトになるらしく、不平不満の声は大きい。

国道１１９号から続く国道１２０号はバス優先レーンも設けており、路線バスの定時制は向上しているというが、それだけではなかなか追い付かないのが現状である。世界遺産だけにむやみやたらな開発はできないものの、アクセスの悪さはリピーターの減少や、ネガティブな口コミの発信にもつながりかねないだけに、喫緊の対策が望まれる。

まあ、日光観光はなるべく車を使わせなければいいのだが、それならそれで東照宮まで徒歩で往復させる気を起こさせるよう、沿道に工夫がもっと必要だろう。日光ならではの商品を売る老舗に加え、若者にも訴求力のあるショップ、休憩所、アミューズメントなどが立ち並べば、外国人はもとより、多くの人が歩いてみようとなるはずである。

と、筆者はそんなことを考えながら東照宮と東武日光駅間の道を徒歩で往復したのだが、その途中に折り紙作品を売っている自動販売機があった。調べてみると、その作品は福祉施設に通う障害者の手作りだという。宇都宮のＩＴ企業のアイデアで設置された自販機らしく、観光客に好評で作品の製作が追い付かないこともあるのだそう。なるほど、さりげないけれど世界遺産・日光のイメージを崩さない面白いアイデアと思った次第である。

鬼怒川温泉の宿泊者増にカラクリあり!?

さて、好調な日光地域とは対照的に、バブル期以降、宿泊施設の廃業が相次ぎ、それら施設が廃墟化して、ディープな温泉街となってしまっているのが鬼怒川温泉である。

とはいえ、鬼怒川温泉のある藤原地域の2017年の宿泊者数は約234万人で、前年比約17パーセント増。伸び率で日光市内5地域で最高の数字を叩き出した。藤原地域といえば川治温泉も有名で、星野リゾートの温泉旅館もある。だが近年はどうも影が薄い。となればやはり、鬼怒川温泉が宿泊者増の原動力と見て間違いない。でも一体全体、鬼怒川温泉に何があった!?

現在、鬼怒川温泉駅と下今市駅間では「SL大樹」が運行されている。これは東武鉄道による「鉄道産業文化遺産の保存と活用」と、日光・鬼怒川エリアを中心とした新たな地域の観光活力創出を目指したもの。要は鬼怒川再生のテコ入れ策なのだが、アイデアとしては今さら感が否めず、乗車区間の短さも残念（長距離運行では煙の問題をクリアしなければならないから難しい）。まあ、遊園地の汽車ポッポ感覚で楽しむならいいが、これがそのまま鬼怒川温泉の活性化につながっているとは思えない。実際、鬼怒川温泉駅近くのお土産屋に話を聞いてみても、「今はもうダメ。昔はすごかったけど」というばかり。オバチャンも「向こうに行けば廃墟ばかりよ」と自虐的で、とてもじゃないが復活の兆しなんて、現場レベルじゃ感じられない。

ただ話によると、どうやら鬼怒川温泉の宿泊客増加の立役者は、中国人のようだ。鬼怒川温泉は2003年の足利銀行の破綻で多くの旅館が廃業し、その建物が残り廃墟化した。そんな中、あさやホテル、金谷ホテル観光、鬼怒川温泉山水閣、鬼怒川グランドホテルの4社は産業再生機構の支援で再生を目指した。4社の宿泊客数は鬼怒川温泉の15パーセントを占めていただけに破綻させるわけにはいかなかったのだ。しかしその後、震災、豪雨被害と負の連鎖が続く中、一部の旅館は生き残りをかけ、中国の旅行会社に協力を仰ぎ、中国からの団体客を受け入れるようになった。エメラルドグリーンの鬼怒川と渓谷が織りなす美しい景観の鬼怒川温泉は、中国人に絶賛され、多くのツアー客が来るようになったという。一方で中国人が鬼怒川温泉の一部旅館を買収しているという話も聞いた。ただ、経営者は変わっても従来の日本人スタッフはそのままなので、一見して中国資本の旅館とはわからないという。

現状の鬼怒川温泉は、中国人など団体客を受け入れている旅館、各種プランを企画し、値段をも安く抑えるなど経営努力をしている大規模ホテルとそれ以外で格差が生まれている。地元では「誰だろうが客が来るだけで鬼怒川温泉が救われる」と喜ぶ人もいる。確かに外国人観光客がどんどん来てくれれば鬼怒川は活性化するだろう。だが中国人は一日旅館やホテルに入ったら、外にお金をほとんど落とさない習性があるという。お土産は観光バス提携の場所で買うわけで、鬼怒川の温泉街にはこの点でほとんど利がないのだ。

ただ、期待がないわけではない。先のあさやホテルが2018年に某ポータルサイトの「みんなで選ぶ温泉大賞」の温泉宿部門で東の横綱を受賞したのだ。こうしたことが鬼怒川温泉全体の活性化の突破口になればいいのだが。

平成の大修理が完了した東照宮の陽明門。鮮やかになって逆に安っぽくなったという声もあるが、出来た頃はこんな感じでしょ？

東照宮へと向かう国道119号は平日でもこの渋滞。行楽シーズンになると車がまったく動かなくなる

鬼怒川温泉には廃墟化した旅館が今もたくさん残されている。解体するにも高額な費用がかかるため、工事もなかなか進まない

シャープ危機と処分場問題で踏んだり蹴ったりの矢板

二転三転のシャープのドタバタ劇

矢板市がどうも落ち着かない。その理由は同市の大黒柱的存在であるシャープにある。

２０１２年、矢板はシャープ・ショックに見舞われた。矢板とシャープが切っても切れない関係というのは栃木県内では有名だ。矢板は、栃木北部地域のリーダー的存在でもあった矢板武が那須を開墾し、当地に水路を通したことで農林業や畜産が主産業になった土地だが、戦後、県内の積極的な工業化の波に乗って工場誘致を行った。その申し出に応じたのが早川電機工業（現在のシャープ）だった。１９６８年に早川電機工業が矢板にテレビの組み立て工場を建設。以来、両者は蜜月関係で、市も栃木工場の場所を「早川町」と命名。シャープの企業城下町となることを受け入れた。その後、シャープは家電メーカーとして大きく発展。それに伴って矢板にある栃木工場も重要度を増し、技術開発拠点となるAVシステム本部を持つほどに成長。地元には下請けの関連企業も多く作られ、雇用創生や地元経済の活性化に一役も二役も買っていた。

しかし、シャープを世界企業へと育てた液晶テレビの価格低下や需要減、過度の設備投資などの影響もあって2000年代後半以降、ずっと赤字を計上（2013年3月期の凍結最終損益が4500億円の赤字！）。繁栄を謳歌していたシャープは一転、存続の危機に陥った。そしてついに矢板の栃木工場の大幅縮小を決めた。最盛期に約3000人いた従業員は約1600人に減っていたが、さらにAV事業に携わる約1500人のなかから希望退職者を募った。地元採用の社員はすべてリストラ対象で、「シャープに入れば人生が安泰」といわれた地元神話は音を立てて崩れた。

シャープの凋落は地元の関連企業の経営にも大きな影響を与えた。「仕事が無くなってどうすればいいべ」とぼやく企業関係者。宿泊施設、飲食店、タクシー会社など、矢板にはシャープに頼ってきた業種も相当数ある。これらがすべてシャープのせいで危機に陥った。この時、シャープを見かねた矢板市は支援に乗り出した。市民と事業所を対象に２０１２年12月から２０１３年３月まで、４～５万円を上限にシャープ家電の購入助成金制度を実施。矢板市の商工課も「雇用の場をできる限り確保するため全力で支援する」と必死だった。

その後、経営再建中のシャープはスマートフォン向け中小型液晶事業、太陽電池事業、新興国向けのデジタル家電事業や、大規模なリストラなどによるコスト削減もあり、２０１４年３月期は黒字に転換。しかしそれも束の間、２０１５年３月期には再び巨額赤字に転落した。これを受け、いよいよ栃木工場撤退かと噂も囁かれ始めた。このとき矢板市はシャープ本社側から工場の存続と雇用の確保の言質を得ていたものの、地元の雇用不安は解消されたわけではなかった。それまですでに大規模な人員整理を行い、従業員はパートや派遣社員ばかりになっていたのだ。

しかし２０１６年、台湾の鴻海精密工業（以下：ホンハイ）が経営再建中のシャープへ出資、買収することで合意。シャープは日本の大手家電メーカーで

矢板市のシャープ問題経緯

2012年3月	台湾の鴻海精密工業との資本業務提携を決定
2012年8月	シャープが栃木工場の生産体制縮小を発表 従業員1500人の希望退職を募る シャープの発表を受け、矢板市が対策本部設置を検討
2012年9月	シャープの栃木工場をはじめとするほぼすべての保有資産が抵当に入る
2013年5月	シャープが奥田社長の交代を発表
2014年5月	2011年3月期以来の黒字転換を果たす
2015年5月	前年の黒字転換から再び巨額赤字に転落
2016年2月	鴻海精密工業がシャープに対し7000億円超での支援の意向を示す
2016年8月	シャープが鴻海精密工業の子会社となる 鴻海グループ副総裁の戴正呉氏が社長に就任
2017年3月	最先端の8Kテレビは栃木工場にて開発・生産を行うと発表 液晶テレビの開発、試作、アフターサービスを行う拠点とするとした

※各種資料により作成

はじめて外資系企業の傘下に入ることになった。この報道を受け、矢板市民は雇用不安と工場閉鎖は免れたと安堵した。とはいえ、2017年に戴社長が、「国内の大量生産では採算が合わない。海外に移管せざるを得ない」などと述べ、テレビの生産をホンハイに委託する考えを示した。これに対し、シャープの広報は「亀山工場で大型液晶テレビの生産を、栃木工場では最先端の8Kテレビの開発を行う」と説明。栃木工場に関して、中小型テレビの組み立ては中国や東南アジアに移すが、開発拠点としての役割を強めるとしている。ただ、これはいわば単純労働者の足切りも意味している。地元も「ホンハイは雇用は保証するというけど、そこは外資だから……」と不安は拭えない。実際、ホンハイの郭会長は買収からひと月も経たないうちに「人員削減すべきと考える。希望退職なんて甘いことは言っていられない」と手のひらを返した……。

シャープの動きに翻弄されながらも、その行方を不安気に見守るしかない矢板。企業城下町としての宿命だが、これまで完全におんぶにだっこ状態だっただけに、この呪縛から逃れる術が無いところに矢板のジレンマがある。

シャープ危機と同時に起こった大問題

一方、シャープ危機で矢板が大きく揺れ動く裏で、別の大問題も持ち上がった。2012年7月、指定廃棄物（高放射能焼却灰など）の最終処分場候補地に矢板市塩田にある国有林野が選定されてしまったのだ。しかも処分場施設の候補地は塩田ダムの真上（活断層の真上でもある）に位置している。国が「施設は放射性物質の流失を防ぐ構造」といっても、ダムを農業用水や飲料水に用いている周辺住民、ダムから流れる内川の流域民の不安は計り知れず、さらに完成すれば地元の農産物が風評被害を受けるのは必至。塩田地区では建設反対の署名運動が行われ、事態を重く見た市長も「受け入れることは到底できない」と表明。県知事も「地元の理解が不可欠」と、事前の説明もなく決めた国の対応を批判した。

矢板市は庁内にプロジェクトチームを立ち上げ、選定場所の問題点の洗い出しをするなど、処分場撤回へ独自調査を進めた。また、同じく候補地になった茨城県高萩市とも連携をとり、建設阻止に積極的に動いた。そして２０１３年、環境省は新たな方針で候補地を選定すると表明。矢板の危機はひとまず過ぎ去ったがこの問題は隣町の塩谷町に飛び火し、その決着はまだ見ていない。

シャープでピンチの矢板、人口も少なく弱小自治体の塩谷。「だから処分場作っても構わんべというのが国の魂胆」と考える地元民は少なくない。

閉鎖も検討されていたシャープの栃木工場は、技術開発拠点として存続する方針だが、将来的にはどうなることやら

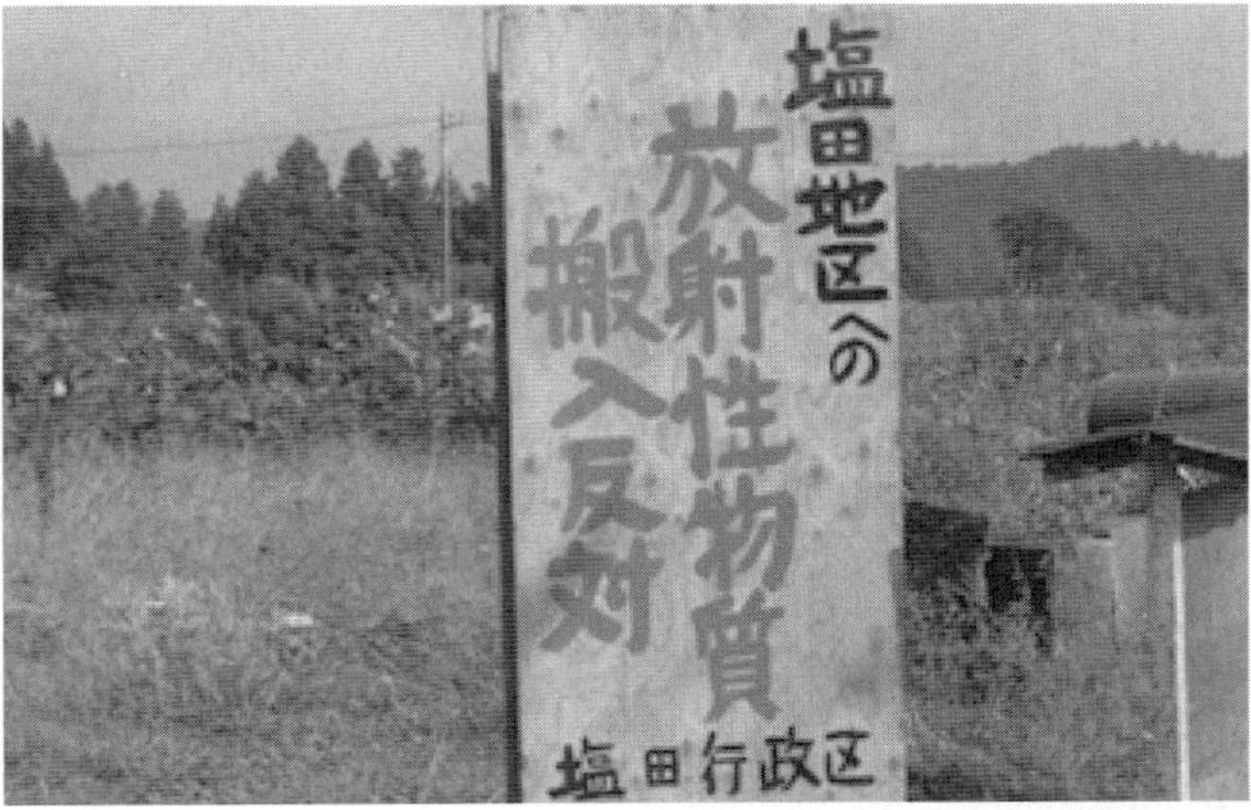

2012年に塩田地区を訪れたが、そこかしこに処分場反対の看板が立っていた。地元の反発はすさまじかった

少子高齢化と子どもの高血圧に悩みまくる大田原

過疎地域と合併したら人口減少もやむなし？

大田原は江戸時代を通して大田原藩として存続した城下町。廃藩置県では大田原県となるなど、もともと県北の中心都市でもあった。那須塩原市や那須町が県北では目立つが（日光は巨大合併もあって県北の範疇に入れているものの県北のイメージは薄い）、歴史の趣きを残している大田原（県内初の公営競馬もここにあった）は、那須のような派手さこそないが、「いぶし銀」の味わいを持った街といえるだろう。そんな大田原だが困った問題が噴出している。

平成の大合併では、2005年に隣接する湯津上村と黒羽町を自市に編入させ、人口が8万人に迫った大田原だったが、2005年11月1日時の7万90

59人を頂点として、徐々に人口を減らし、2012年10月の人口は7万6781人と、人口減少が止まらない。この要因を考えると、おそらく「地域格差」と「住民の流出」にあるんじゃないかと思われる。

大田原の人口減が顕在化した要因は合併にある。合併の中心核となった旧大田原地区の空洞化は激しく中心市街地の人口は減っている。だが、幹線道路沿いには東武百貨店大田原店など大型商業施設も多く、県北でも最大級の商業集積地となっているように、住居圏は広がり、人口密度は減っているが全体の人口は比較的安定している（これも問題なんだけどね）。ちなみに大田原は大学があるので集合住宅に住む若者も多い。市全体の人口が減っているのに世帯数は増えている（2005年が2万6617世帯で2010年が2万8075世帯）のはこれが理由だ。

一方、編入した黒羽地区は刑務所とゴルフ場で有名な田舎町だが（U字工事の益子卓郎と森三中の大島美幸の出身地で有名だが）、旧市街地は寂れ、住民にも高齢者の姿が目立つ。なかがわ水遊園やスポーツパークで有名な湯津上地区も黒羽と同様だ。これらの地区は人口が少なく商圏としての魅力にも乏しいから大型商業施設もできないし、高齢者が多いのに病院も少ない。地域に魅力がないから人の流入もほとんど無く、高齢者は亡くなっていくから人口が増えることはおそらくない。つまり、編入地区の人口が減り続けていることが全体人口に影響しているのだ。この地域内格差を無くさないと人口減は止まらないだろう。

見えない恐怖で人が出ていく！

黒羽、湯津上地区の深刻な高齢化。そしてこの高齢化とセットで語られる少子化も大田原の課題といわれる。少子化の要因には未婚率の上昇や核家族化などが指摘されるが、大田原の場合は「住民の流出」も絡み、これもまた人口減に結び付いているのである。

大田原（というか那須地域全体）は原発事故の影響を受けている地域。放射線量の高低はシビアな問題で住民は神経質にならざるを得ない。小学校では表土を除去する除染作業も行われている（実際、筆者は大田原のみならず那須地域で除染活動をしている方々をよく見かけた）。子どもを持つ親にすれば、やはり気が気ではないはずだ。実際、放射能が原因で安全といわれる地域に転居したファミリーもかなり多いと聞いた。放射能問題が少子化と人口減双方の要因になってしまっているのだ。

この放射能問題では、さまざまな情報や憶測が飛び交っているのも問題だ。２０１１年に行った「小児生活習慣病予防健診」で、大田原の中学生は高血圧の割合が高いことが指摘された。しかも、中学生の高血圧の割合は２００６年と比べて倍増した。この結果を見て、多くの人が放射能と結び付けた。筆者は専門家じゃないので、その因果関係は特定できないが、それはこうした噂を流す人も同じ。鵜呑みにするのは危険だ。ただ、現地で放射能問題がやたらと取り沙汰されているなかで、子どもにストレスがかかり、それが高血圧の原因になったというのはわかる気がするんだよな。

※　※　※

福島の原発事故による放射能問題の余波は栃木県北部に及び、大田原も放射線量の高低が何かと取り沙汰された。現在も大田原では下水道・農業集落排水処理場からの汚泥や水道水、食品などの放射線物質の調査や除染活動を定期的行っている。現状で放射線量に問題はないが、こうした調査では万が一にでも高い数値が出てしまえば不安は一気に広がり、風評被害が起こる危険性もある。それでも大田原のように真摯に調査し、公表する姿勢は正しい。しかし、いつまでこの問題に県北は悩まされなくてはならないのか、もういい加減にしてほしいというのが偽らざる本音だろう。

さて、話は変わるが、今回取材で再度大田原を訪れてみたが、街の衰退は一定のところで止まっているようで、若い世代のファミリーの姿も目立ち、街中を歩く子どもたちも元気がよく、しかも笑顔が絶えない。全国をまわって数々の街を見てきた筆者の経験からいえば、大田原はおそらく「かなり住みやすい街」なのではないだろうか（交通の便は悪いけどね）。

そこで調べてみると、大田原は積極的に貧困問題に取り組んでいる街でもあった。市では2012年10月から給食費無料を実施している。ここには少子化や子どもの貧困問題を背景に、子どもの減少が地域を衰退させると危機感を抱いた街が、街ぐるみで子どもを育てていこうという意図がある。また、市内の

大田原の街中にある商・公・住の複合施設「トコトコ大田原」。2・3階の「子ども未来館」は子育て世代のバックアップ施設

ＮＰＯ法人が中心となり、「子ども食堂」も開設されている。生活困窮者への支援策の一環だが、地域で連携しながら子どもを育て、「見えにくい貧困」にも立ち向かっている。

それと、大田原の子どもが総じてきちんと食事を摂れていることがわかるデータがある。それが学力テスト（２０１４年）の結果だ。小中学生とも全科目で栃木県の平均を超えているのだ。まあ、もろもろ要因はあるのだろうが、やっぱり食事をしっかり摂ってこそ脳は回る⁉

塩谷郡を完全分断！さくら市の合併後遺症

対等合併にこだわった結果どうなった？

塩谷郡といえば、古くは栃木北部の巨大な郡だったが、平成の大合併前には、塩谷、高根沢、氏家、喜連川の4町となっていた。それが今となっては塩谷と高根沢の2町だけになった。しかも、塩谷と高根沢の間の2町（氏家と喜連川）が、2005年に新設合併して「さくら市」になったから、塩谷郡はさくら市に分断されるかたちで存在することになってしまった。

同じ郡や市なのに、合併の都合で領域が分断された例はけっこうある（群馬県の桐生市とみどり市なんて酷い例）。これまで当地域批評シリーズでは合併問題を数多く取り上げてきたが、こうした地域分断の話はなかなか面白い。

もともと塩谷郡では、塩谷、氏家、喜連川、高根沢と矢板の１市４町で合併するという案があった。ここでまずポイントになった町が高根沢だ。高根沢は住民アンケートで宇都宮との合併賛成が過半数を超えていたが、芳賀町との合併案も根強く残って町内で意見が真っぷたつに割れていた。高根沢は「合併して人口10万都市になりたい」ということを公言していたから塩谷郡同士の広域合併案もあったが（じゃあどうして芳賀との２町合併が持ち上がったのかって矛盾もある）、こちらは完全に置き去りに……。当時、塩谷郡の広域合併はJAの意向でもあったので、塩谷郡議長会は高根沢に塩谷郡での連携を迫ったようだがあくまでも形だけで、高根沢の脱退は暗黙の了解だったらしいが。

だが、残りの１市３町が一枚岩であったかといえば「……」である。たんこぶだったのは矢板だ。当時、シャープを抱えて上から目線だった矢板。そのため、編入合併すれば「自分たちの身動きが取れなくなる」と氏家が対等合併に固執。というかこの合併は氏家住民の総意でもなかった。「矢板と合併するなら上河内の方がマシだったね」とは当時をよく知る某氏家民の言葉。氏家は対等合併を求めて隣接する喜連川との２町合併に向かった（この２町はプライドも高い）。結局、氏家と喜連川にそっぽを向かれた矢板は塩谷との合併に動くが、塩谷町の負債が大きいのと議員定数減の問題もあり破綻。こうして塩谷郡は散り散りの状態に。塩谷の地酒「男の友情」の名が泣くってもんである。

さて、氏家と喜連川が合併してできた「さくら市」。しかし、旧2町の関係も水面下ではビミョーなもんで、「氏家と喜連川の議員さんは仲が悪くってよ。喜連川は温泉で有名な観光地だが、財政に余裕がないのに観光に金かけたいから氏家がその調整で苦しんでんだよ」と聞いた。喜連川には工業団地も民間主導の大規模な分譲住宅地（フィオーレやびゅうフォレスト）もあって、さくらは一見潤ってそうにも感じるが、内情はけっこう火の車のようだ。「水道代は安くなった」（喜連川住民）という声の一方で、「ロードサイドに商業施設ができたけど、そのおかげで氏家の市街地は寂れたし、293号や県道の渋滞も酷くなった」（氏家民）との声もある。まぁ、旧両町民も悲喜交々なのだ。

合併は国の既定路線で、各自治体がどこかとの合併に迫られていたのは確かだが、対等合併は両者のエゴとエゴのぶつかり合いになりやすい。それだけにその後が難しいということを考えさせられる。

合併後の塩谷郡

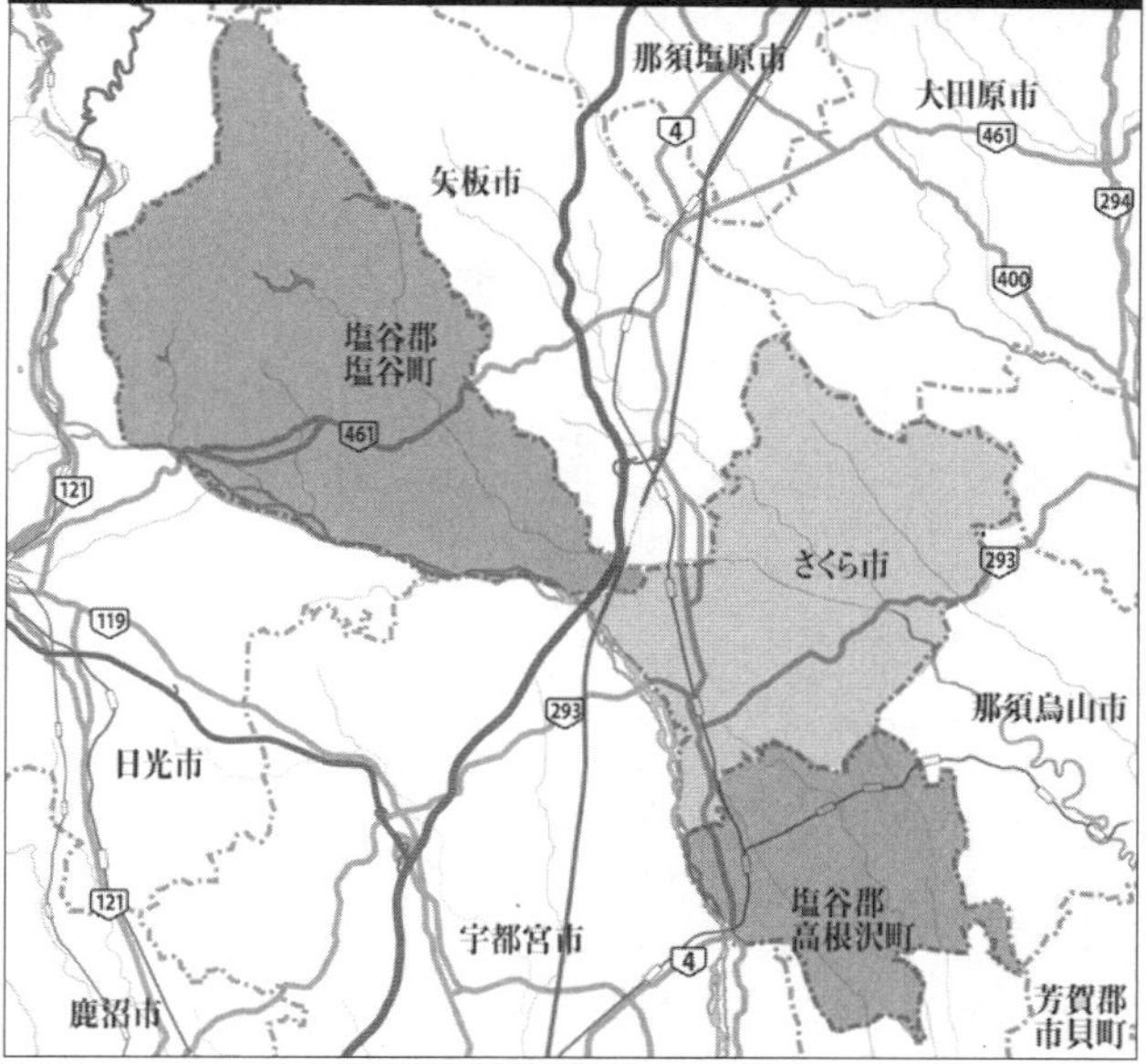

塩谷郡合併の経緯

2002年5月	矢板市、氏家町、喜連川町、塩谷町、高根沢町で「塩谷広域市町村合併情報交換会」設置
2003年6月	氏家町は喜連川町との合併を検討へ
2003年7月	矢板市と塩谷町が氏家町、喜連川町、高根沢町に合併協議の再検討を呼掛け 氏家町と喜連川町は合併を拒否
2003年8月	氏家町と喜連川町で法定協議会設置 新市名がさくら市、市役所は氏家町役場に決定
2005年3月	新設合併でさくら市が誕生

※各種資料より作成

※　※　※

2005年に氏家町と喜連川町が合併して誕生したさくら市。同じ関東に佐倉市があるのにこの市名、紛らわしいなんて意見もあったが、早10年以上が過ぎ、住民にも馴染みのある市名にはなってきたようだ。

ただ、このさくら市。本書で2012年に取材した以降、どうもパッとしたニュースがないし、そんなパッとしなさ加減は、市のキャッチコピーに表れている。「ちょうどいい！さくら市」。この「ちょうどいい」というコピー、同じ意味合いのもので茨城県取手市が「ほどよく絶妙」というコピーを打ち出しているが、裏を返せば街に際立ったウリがないですよと言っているようなもの。それより、2018年6月にせっかく桜をモチーフにしたロゴをつくったわけだから、市名のごとく「桜の街」というのを全面的に押し出せばいいのに。氏家も喜連川も桜に馴染みのある土地だから「さくら市」になったわけだし、喜連川の桜並木は美しい。とにかく「さくら、サクラ、桜」と桜推しで突き進めばいいと思うけどなあ。

市役所はあるものの、人通りも寂しい氏家地区の市街地。買い物客は国道293号や4号に向かう

喜連川といえば温泉だがその歴史は意外に浅く、1981年に街おこしで温泉を掘ったのが始まり

栃木県コラム 6

栃木人は男体山にこだわる？

「男体は希望に明けて日の光」（栃木県民の歌）で栃木県人ならおなじみの男体山は、栃木県を代表する名山である。

男体山は日光市と群馬県利根郡片品村の境、日光市街地からは、いろは坂を登った中禅寺湖の北岸にあり、古くから「日光三山」として山岳信仰の対象になっている。日光三山とは、男体山（２４８６メートル）、女峰山（２４８３メートル）、太郎山（２３６７・５メートル）の三山のことで、山自体が御神体になっているという、なんとも有難い山なのだ。それぞれの山には新宮権現、滝尾権現、本宮権現の三社が祭祀されていて、鎌倉時代には、これら三社をまとめて「日光権現」と呼んでいた。ちょっと低い太郎山は、実は男体山と女峰山の子どもで、この夫婦（？）には他に大真名子（おおまなこ）山、小真名子（こまなこ）山という「愛子（まなご）」がある。ということは、夫婦２人＋子

ども3人の5人で「男体山ファミリー」というわけだ。
男体山の山頂には日光二荒山神社の奥宮が置かれている。この宮の御影石の石鳥居が2011年の東日本大震災で倒壊してしまったが、地元の林業会社からヒノキ材が提供され、高さ2・3メートル、幅1・9メートルの新しい鳥居が建てられた。また、山頂には岩に突き刺さった剣があるのだが、2012年3月に落雷と腐食のために折れているのが見つかった。だがこちらも同年10月に長さ3・6メートルのステンレス製の新しい剣が奉納されている（錆びないだろうけど趣はないよなあ）。
このように男体山は、栃木でいちばん有名

で格式の高い山でもある。都心からのアクセスもいいことで登山家にも人気が高い。つまり、なんでも「高い」山なのだが、栃木で一番高い山ではない。栃木の最高峰は日光白根山で、その標高は2578メートル。日光白根山は関東地方の最高峰でもあり、国内ではこれより北と東にさらに高い山はないのだが、なぜか栃木でこの事実が語られることはあまりない。日光白根山は男体山と違って、群馬との境にあるという立地から「群馬の山」ということもできる。そのせいもあってか、栃木人は日光白根山に強い思い入れがないのだ。

ちなみに県南の小山周辺となると山といえば筑波山で、男体山のイメージはあまりないといわれている。小山は関東平野の端っこにあるので、見える高い山といえば筑波山くらいしかないし、そもそも小山は文化圏を考えれば茨城みたいなもんだしね。

第７章
関東の秘境から メジャーへ

栃木県が魅力度ランキングで大躍進したナゾ

最下層グループからの脱出には予兆があった!?

今や広く国民に知れ渡った感のある「地域ブランド調査」。これは簡単にいうと、都道府県や市町村の魅力度をランキングしたもので、全国の消費者約3万人を対象に地域イメージに関する多項目の調査を行い、その回答から結果を導き出している。

現在のところ、ランキングでは常に北海道と京都府がトップを争い、茨城県が万年最下位というのが不動の構図。とはいっても、茨城に限らず北関東は昔からこのランキングでは苦戦しており、最新（2017年）の順位でも、群馬県が41位、栃木県が43位、もちろん茨城県は47位と、総じて下位に甘んじている。それでもかつては北関東３県がワースト３を独占したこともあるだけに、群馬の41位なんて破格の出世のように思えてくるのが悲しい。だが、実は栃木県もつい数年前、奇跡のようなジャンプアップをしたことがあるのだ。それが２０１５年。栃木県はこの年、なんと35位となった。万年ビリの茨城にとっては30位台なんて夢のまた夢。茨城はこの予想外の結果に、おそらく栃木がどこか遠いところへ行ってしまったかのような感覚を抱いたに違いない。

ただ、筆者は結果論でも何でもなく、２０１２年に刊行された本書「これでいいのか栃木県」の中で、北関東３県の魅力度を比較し、栃木県に躍進の可能性ありと予想した（そのページは文庫化にあたり割愛させていただいたが、そのため改めてここで現状も踏まえた魅力度の話をさせていただくことにした）。そしてその根拠としたのが「東京スカイツリー」。その時すでにスカイツリー熱はある程度収束していたものの、それでも観光・レジャーコンテンツとしての集客力は依然として高かった。そして栃木県は東京スカイツリーを抱える東武との密な連携が可能であり、実際に栃木県はスカイツリータウンのソラマチにアンテナショップ（とちまるショップ）を開店させていた。都道府県のアンテナショップが銀座周辺に集中していたご時世、この差別化は大きな武器になったはずだし、より若い世代に栃木県を認知してもらえる機会を得たことだろう。

それに東武との連携で、スカイツリー観光とパックで日光観光を推せるというのも強みだと考えた。魅力度ランキングは人気観光地ランキングとしての側面が強く、スカイツリーとともに日光観光が注目を浴びれば、魅力度も上がるだろうという予測が成り立った。まあ「日光」と「栃木県」が消費者に一致すればの話ではあったけどね。

日光の歴史的行事をきっかけに注目を浴びる

さて、とにもかくにも2015年に栃木県は大躍進を遂げたわけだが、地域ブランド調査を主宰している地域ブランド総合研究所によれば、栃木県は総合で35位だったものの、20代に絞った魅力度ランキングでは、なんと11位だったそうである。この11位という順位。総合ランキングでいうと、長崎県、静岡県、兵庫県などが例年しのぎを削るいわば「高好感度都道府県グループのセカンドポジション」。年代別ランキングとはいえ、それまで下位だった栃木県がそこに食い込んだのだから驚きである。

ではなぜ栃木県は若者にアピールできたのだろう？　個人的には先のアンテナショップの効果も多少はあったと思いたいが（現在まで1000万人以上の人が来店しているそうである）、どうやら推進役となったのはメディア、とくにテレビのようで、2015年に栃木県の露出が殊更多くなったのだという。この年、日光東照宮が徳川家康公の400年回忌を迎える式年大祭ということで多方面から注目が集まり、旅番組やグルメ番組、ニュースやワイドショーの情報コーナーなどで、栃木県がよく取り上げられたそうである。同調査のアンケートでも、「旅やグルメに関するテレビ番組で栃木県の情報に接触した」という20代の割合が2015年は23パーセントと、前年の13パーセントから大幅に上昇しており、テレビ効果が想像以上に大きかったことがわかる。

テレビ番組では日光東照宮の紹介だけではなく、それに付随した企画として栃木県内の特産品やグルメ情報も紹介される。栃木県といえば宇都宮餃子や佐野ラーメンを筆頭にB級グルメの宝庫だし、イチゴやブランド牛など特産品も充実している。しかも、テレビはメジャーどころだけではなく、一般的にあまり知られていなかった地元グルメや特産品も紹介するからPR効果は絶大。若者へのアピールという意味では、日光東照宮はあまりにも年配者向けでシブ過ぎるコンテンツだけに（歴女や寺社ガールにはいいけどね）、栃木のグルメが多岐にわたって紹介されたのは大きい。そのおかげか、地域ブランド調査の項目別ランキングでも、20代に関していうと「食材が豊富」が前年37位から22位、「食事がおいしい」が同39位から32位、「土産や地域産品」が同30位から21位と、グルメ関連の項目が軒並み上昇したのである。

ただ、こうしたテレビなど各種メディアからの情報発信という手段は、自治体のPR戦略としてさほど珍しいものではない。どちらかといえばありきたりである。それでも２０１５年に栃木県がこの手法で成功したのは、それまでメディアを積極的に利用せず、県内の情報を広く外に発信してこなかったことの裏返しとはいえないだろうか。

栃木県を含めた北関東３県は、何もしなくても豊かな県であり、それまで外に向けてとくにアピールする必要もなかったため、PRも消極的（苦手？）だった。だから東京に近い県にもかかわらず、全国的な認知度が低く、まるで秘境のような扱いを受けていた。だが栃木県は、２０１５年に日光の歴史的イベント開催をきっかけに、「たまたま」注目を浴びた。そしてメディアから栃木県が大々的に発信されるに至り、もともと知名度が高かった「餃子」「佐野ラーメン」「イチゴ」以外のものにもスポットライトが当たった。加えてそれらが観光スポットであれ、Ｂ級グルメであれ、「意外とイケてる」ことも認知されたのだ。それまであまり知られていなかった栃木県だったからこそ逆に情報が新鮮に映り、それなりのインパクトも生まれたのだろう。つまり35位という望外の結果は、地元の英雄・ガッツ石松氏にちなんでボクシングにたとえるなら、弱者の「カウンター」がきれいに決まったかたちといってもいい。

超絶ジェットコースター！　翌年にはブービー!?

ただ、栃木県がもったいなかったのはその後だ。翌２０１６年、ランキングが過去最低の46位に急降下してしまったのである。35位が一過性のバブルだったことを期せずして証明したことになるが、要因としては、せっかく全国に栃木県の魅力や強みが大々的に発信され、イメージの底上げができたというのに、観光や消費につなげられなかったというのが大方の意見だ。

というわけで栃木もこれはヤバいと、2018年4月から3カ月間、JRとコラボした「栃木デスティネーションキャンペーン」をスタートさせた。同キャンペーンの「本物の出会い」というキャッチフレーズには、「本当にいいもの(本物)」があふれ、それらを創り続ける人がいる栃木を訪れ、本物の出会いを見つけてほしいというメッセージが込められているそう。何とも抽象的だが、要は地域に埋もれていた観光資源の掘り起こしと既存の観光資源の磨き上げを行い、プローモーションで栃木に人を呼ぼうということ。これまで同キャンペーンは各地で行われてきたが、震災があった2011年の東北を除けば、前年から観光客を増やしている地域がほとんど。おそらく今回も激増とはいかないまでもそれなりの結果は出そうだが、こちらもやはり一過性で終わらせるのではなく、リピートにつなげなければキャンペーンをした意味はない。

また、先のキャンペーンに続けとばかり、宇都宮や餃子をテーマにした街おこしのための映画『キスできる餃子』も封切りされた。「餃子を食べたくなること間違いなし」の映画だそうだが、全国規模の公開でどれだけのＰＲ・観光効果が出るかは未知数だ。

それより個人的にはスポーツを売りにできないかと思う。とくに注目したいのはＢリーグ所属で宇都宮を本拠地にするプロバスケットボールチームの「リンク栃木ブレックス」。Ｂリーグ初代チャンピオンチームだが、なんといっても日本人初のＮＢＡ選手となった名ポイントガードの田臥勇太が在籍しているのが魅力だ。すでに38歳のベテランながら主将を務め、２０１８〜19シーズンの選手契約も結んでいる。

今後、長時間労働の是正で余暇時間の増加が見込まれ、スポーツに興味を持つ人が増えるとされている。そうなればマイナースポーツにも注目が集まる可能性は高い。Ｂリーグの人気が上昇し、田臥の活躍で今後もブレックスが好成績を収めることができれば、栃木の魅力度が再び上昇する、と願いたい。

さすがに2015年の東照宮400年式年大祭の効果は大きく、日光のみならず栃木県全体が各種メディアから注目を浴びた

ベテランにして大スターの田臥勇太が所属するリンク栃木ブレックス。バスケは日本ではマイナーだが、今後人気が出る可能性はある

2018年6月に全国ロードショーとなった『キスできる餃子』。宇都宮もその効果に大いに期待しているが、果たしてどうなる？

不思議な大都市・宇都宮のまちづくりはこれでいいの!?

宇都宮は極めてユニークな街なのだが……

　さて、栃木県の中心都市といえば宇都宮。栃木市に県庁があった明治の初めならまだしも、今の栃木県はさすがに宇都宮抜きに語れない。そこで栃木県のまとめにあたって、今後さらなる発展も期待される県都・宇都宮の可能性について改めて見ていきたいと思う。

　宇都宮という街は平成の大合併により、人口が50万人を超える北関東一の大都市になった。さらにそれだけにとどまらず、周辺市町と再度合併すれば政令指定都市への移行も現実味を帯びてくる。将来的に都市としてもうひと段階のステップアップも期待できるわけだ。

それにしても宇都宮は改めてユニークな街だと思う（誉め言葉）。日本一の餃子の街というのは誰しも知るところだが、ジャズの街でもあり、カクテルの街でもある。まったくもって庶民派の街なのか気位が高い街なのか、よくわからなくなるが、まるで脈絡が無いものが混じり合うごった煮感がこの街の魅力のひとつでもあろう。

また、宇都宮は知る人ぞ知るパチンコの街である。北関東の人は総じてギャンブルが好きだ。とくに有名なのは群馬人だが、栃木人（宇都宮人）も負けず劣らず。ギャンブルといえば宇都宮にはかつて競馬場もあった。今はもう廃止になっていて、公営ギャンブルは宇都宮競輪だけとなったが、その競輪場も売り上げが年を追うごとに上がっているそうである（２０１８年からスタートしたミッドナイト競輪が好調）。まあ、競輪はいいとして話をパチンコに戻すと、パチンコ業界はこのところ内規改正による出玉規制もあってファン離れが進み、ホールの廃業が相次いでいる。この流れは宇都宮もまた例外ではないのだが、市内にはまだパチンコホールが51店も存在している（２０１８年5月末時点）。10年前あたりから20店近く減ったようだが、たとえば宇都宮と同じ規模の中核市と比較すると、川口市（35店）、八王子市（34店）、姫路市（46店）、松山市（41店）、東大阪市（45店）と、50店を超えているのは宇都宮だけ（しかも地元資本の店が多いのが特徴）。それだけまだ当地ではパチンコ需要は高いのだ。ひとり黙々と台と向かい合いながら打ち続けるパチンコは、自己主張が強くない栃木人に向いているのかもしれないが、守りの気質といわれるにしては意外な一面でもある。

ただ、先に述べた街のコンセプトの脈絡の無さ、そして捉えどころのない栃木人の気質が、宇都宮のまちづくりに表れている。

市街地と郊外で目立つ人種が異なる!?

宇都宮の中心街（繁華街）といえば、かつて二荒山神社の旧参道だった馬場町界隈で、そこに交じるのがアーケードのオリオン通りである。このオリオン通りのすぐ脇を小さな釜川が流れ、通りが川をまたぐかたちになっているのも趣深い。しかし、ここが50万都市の繁華街というには、スケールはあまりにも小さい。

宇都宮も他の地方都市の例に漏れず、商圏の郊外化が進んでいる。1990年代に地元の福田屋百貨店が「福田屋ショッピングプラザ宇都宮店」を住宅街やニュータウンそばの郊外に開店。2000年代には「FKDショッピングモール宇都宮インターパーク店」も開店させるなど、郊外への進出で成功を収めた。先述のパチンコホールもそうだが、多くの客がいるのは主に郊外の国道沿いの大型店である。

宇都宮とその周辺で郊外化が進んだ要因は、ここが全国でも有数のモータリゼーション社会だからだ。車が無いと生活できないというのは地元民の誰しもが認めるスタンダードであり、「どこへ行くにも車で」というのがもはや当たり前だから、広く駐車スペースを確保できない中心市街地の衰退を招いてしまった。そして長年この状態が続いたことで、いつしか中心市街地と郊外の人種の二極化をも招いた。

街中のオリオン通り界隈を歩くと、目立つのは若い世代の人たちの姿だ。平日の夜はもちろんサラリーマンも多いが、とにかく年齢層が低めだ。さらに特徴的なのは外国人が多いこと。ツーリストもいるのだろうが、オリオン通りの入口には地元民と立ち話をしている客引き風の外国人（主に欧米人）をチラホラ見かける。そうした繁華街の一面だけを切り取ると、横須賀のどぶ板通りや沖縄の国際通りを彷彿とさせる。

対して郊外はファミリーの姿が多い。そして年配のいわばオッサン連中がやたらと目立つのだ。彼らは普段から車移動が主流で、買い物はもっぱら郊外の大型店。パチンコなどのレジャーも車で乗り付ける。こうしたお金を使ってくれる年齢が比較的高めの消費層が郊外で事を済ませてしまうのだから、中心市街地が衰退するのも道理である。

だからといって馬場町やオリオン通り周辺といったエリアの再開発は進まない。いやもとい進まないではなく、効果的な開発がされていない。二荒山神社の近くでは民間商業ビルやタワーマンションといった大規模建築物はこれまでに建てられてきたが、あくまでも局地的な開発である。見たところ、地方によくある「新しい施設をつくれば人が来るだろう」的な感覚の施設っぽさ満点で、実際地元民に聞いても「費用に見合う効果なんて無かったよ」とのこと。開発のコンセプトもターゲットもおそらく分析不足だったのだろう。まったく起爆剤にならなかったのだ。

こうしたまちづくりに対する一種行き当たりばったりのところが、宇都宮という街の脈絡の無さやごった煮感を生み出してきたとは思うが、今や郊外と中心市街地のメイン人種は違うのだから、それに合わせた開発やまちづくり、街おこしが必要なのではないだろうか。

ＬＲＴは観光路線ではなく郊外から人を呼び込むツール

宇都宮という街は基本的に観光都市ではない。現在、大谷石採掘場跡の地底湖ツアーがものすごい人気とはいうが、いわゆる旧所名跡はほとんどないといってもいい。二荒山神社も宇都宮城（城址公園）もあるが、あっという間に見終わってしまう。

宇都宮は本質的には工業を中心としたものづくり都市・産業都市だが、観光面でいうと、日光などの足掛かりとして滞在するツーリストシティといってもいい。だからこそ滞在中の夜のお楽しみとして繁華街が栄えた。宇都宮はカクテルの街であり、ジャズの街。ジャズは渡辺貞夫が宇都宮出身というのが街のウリとなったきっかけだが、集客ツールとして本格化したのには、宇都宮が「夜を楽しむ街」なことが背景にある。この街が街コン発祥の地というのもさもありなんである。

ならこの部分をもっともっと深く掘り下げ、中心市街地のまちづくりや活性化策にしてもいいのではなかろうか。地元に言わせれば「今でもそうしてるよ」という意見はあるかもしれないが、夜の街を歩いてもジャズやカクテルにあふれたオシャレな感じはしないし、どちらかといえば、飲み屋やバーは北関東らしく庶民的である。そんなに敷居が高くなく、ホッとする安心感が宇都宮らしさといったらそれまでだが（個人的には好き）、大衆酒場とはやっぱりちゃんと区別して、銀座や麻布界隈らしくとまではいわないが、店や通りの雰囲気をもっとハイブローな感じにしてもいいのでは？　せっかくバーテンダーの力量は日本屈指なのだから。

中心市街地は地元民やツーリストが夜を楽しむ街。郊外はショッピングやレジャーを楽しむ街。コンパクトシティなどより、この棲み分けをより明確にすれば、宇都宮は二層化した面白い街になりそうだし、将来的に開業するＬＲＴ（宇都宮ライトレール）も生きてくるはずである。だって普通に市街地でゆっくりと夜を楽しみ、ほろ酔いでバスより安全にスムーズに郊外の家に帰れるのだ。その点でいうと、ＬＲＴが今後、東口からのルートだけではなく、西口から郊外に伸びるルートもできれば、現状で苦戦する中心市街地が活性化するかもしれない。

つまり、宇都宮駅西口周辺も馬場町やオリオン通りの周辺は、ツーリストを楽しませるだけではなく、ＬＲＴ開業を見越して、郊外民をどう街中でどう楽しませるか、その戦略を今から練らなければならないと思う。それはありきたりのタワーマンションや商住複合ビルを立てることではもちろんない。

個人的に宇都宮の市街地活性化のキーワードは「おひとりさま」だと思う。もともとパチンコのようなひとり遊びが好きなんだから、「ひとりでゆっくり夜を楽しめる街」「ひとり遊びが楽しい街」というのはウケるかもしれない。

オリオン通り自体は古い商店街っぽさがあるのだが、歩くと年配の人より、若い世代の姿が目立つ

宇都宮の歓楽街はかなり庶民的な雰囲気。北関東らしく気さくで安心感はあるのだが、カクテルの街ならもう少し上品な感じでも……

これまで宇都宮の中心市街地再開発で大型のタワマンや商業施設も建設されたが、市街地の活性化に寄与してきたとは言い難い

自虐的で謙虚で屈折した栃木人に必要な心の叫び

群馬は攻撃的なのに栃木はちょっと遠慮がち

いきなり他県の話をして申し訳ないが、２０１３年に発表された『お前はまだグンマを知らない』という漫画が好評である。累計発行部数は２０１７年２月まででなんと50万部。ドラマ化やアニメ化もされ、ちょっとした話題にもなった。この漫画の内容は、グンマ県（作中では県名がカタカナ）に引っ越した高校生の主人公が、郷土愛溢れる生徒からグンマゆえのさまざまな文化・風習を教えられてカルチャーショックを受ける一方、トチギ県やイバラキ県との地域間抗争に巻き込まれていくというお話。作者は神奈川生まれの群馬育ちだが、群馬の人は自虐かつ同門（北関東）対決という構図を生み出すのがうまく、そうした作品に対して許容する度量がある（その点、茨城県民は狭量）。

これ以前にも２０１２年に「ぐんまのやぼう」というスマホ用の無料ゲームアプリが話題になった。このゲーム、群馬県内で名産のネギとコンニャクとキャベツを収穫してＧ（グンマー）を稼ぎ、都道府県を制圧して日本を群馬県にしていく筋立てで、日本を制圧した後は世界や太陽系をも制圧（群馬県にする）という内容。このゲームの開発者は群馬県出身で、地元があまりにも知名度が無いことをツイッターでつぶやかれ、怒りの製作となったようだ。

と、さすが国定忠治の故郷だけになかなか勇ましく、反骨精神にも溢れているが、実はこの「ぐんまのやぼう」に触発され、栃木をモチーフにした同様のゲームアプリも当時製作された。そのタイトルは「逆襲の栃木」。開発者は宇都宮在住で東京に通勤しているという、ある意味で栃木県民の理想を地で行く某プログラマー氏だ。で、このゲームの内容は、群馬版がガツガツと肉食の占領系なのに対して、栃木版は謙虚な草食系である。とちまるくんをイメージしたキャラが華厳の滝に打たれて体を鍛え、武器のかんぴょうを育てて敵の「グンマー」を撃退する内容で（イバラキーはいないの？・）、領土侵攻は無しと、あくまでも控え目だ。しかも「グンマー」が強いので、逆にトチギが負けるのを見て喜ぶという楽しみ方もあるという。謙虚かつ自虐的な内容は、まさしく栃木そのものである。

だが、ネタそのものは面白いのだが、その反面、もうそろそろ群馬のような反骨心を持ったり、鬱屈した感情を前面に出してもいいのでは？　と筆者は思ってしまうのだ。栃木人は内弁慶になるのではなく、もっと強く、キチンとその良さを外部に向けてアピールしていかないと、ゲームじゃないが栃木のステイタスやパラメーターは上がらない。実際、2015年に栃木の魅力度ランキングが大幅に上昇したのはきちんとした情報発信からだった。しかしそれは栃木県が自発的な発信というより、日光で行われる歴史的イベントに付随した他力本願的な発信だったことから継続性もなく、翌年には再び定位置に逆戻りしてしまった。

かつて栃木県は、「とちぎ未来大使」を壬生町生まれで、当時AKBのセンターだった大島優子に依頼したことがあった。しかし、事務所の方針で断られたという。おそらく栃木のイメージが彼女にそぐわないというのが理由だろう。どうも昔から北関東出身のアイドルや俳優が出身地を濁すケースはたびたびある。それは同エリアのブランド価値の低さ（ストレートにいうと田舎っぽさ）に起因している。先の件も含めて、栃木人も散々くやしい思いをしてきただろうが、そこで自虐モードに入らず、コンプレックスを感じることなく、さらに「どうせ」と受け流すことなく、ガンガン文句を言っていけばいいと思う。遠慮せずに前へ一歩踏み出すのだ。そのことが栃木県の正しい情報を世間に伝えることになるのだから。

意外と栃木人も好き勝手なことを言っている

当シリーズの執筆を続けていると、住民の声を行政が汲み上げた、いわゆる「住民アンケート」に目を通す機会も多い。ただ、行政の行うアンケートは、ひとつの質問に対してその答えを複数用意して回答させる手法がよく用いられる。こうすればデータ集計も楽だからだ。しかし、残念ながら住民の本音の部分はあまり見えてこない。

本音を出そうとすれば、やはり「自由意見」だ。自治体によっては住民アンケートで自由意見を聞くところもあるが、そこで書く住民の不平や不満こそがいわゆる心の声だといえる。これらを行政がフィルターをかけずにさらけ出すことが地域の議論にもつながり、それがさらに住民の積極性につながっていくと思うのだ。

ただ、栃木県と各市町の住民アンケートを調べてみたが、県のあり方や市のあり方などを自由に発言しているものはほとんどなかった（アンケートはとっていても行政が公表していないものもある）。表にさらけ出そうとしないところは栃木らしさかもしれないが、かつての栃木県内では住民の忌憚ない意見を堂々と公開している自治体があった。それが日光市である。今も日光市は2年に一度のペースで住民アンケートを取り続けているが、2013年以降、自由意見は調査項目に入っていない。ただ、2011年の同アンケートの自由意見が、およそ栃木人らしくない激しさがあって非常に興味深かったので、一部抜粋して紹介してみたい。

「先日、旧日光市で大きな火災があったが、消防署の動きが遅く4件もの家を焼失してしまった。本来ならば小まめに（消火栓の）点検をしてしかるべきなのに（中略）これもすべて合併のせい。１日も早く元の市町村に戻して欲しい」

「日光市になってから何事にしても良いことが無いので不満」

「既存の県道を県で拡幅すれば市の金がかからないのに、○○の土地所有者のためか」

「住所は○○です。この分譲地は私道です。年５０００円位会費を納めています。ここを市がきちっと市道に入れて欲しいです」

「道路等に関して、あちこち補修した跡あり。（中略）素人でももう少し上手にできるだろう。地元の人に言わせれば、○○さんの親戚がしたのだろうと。プロの仕事とは思えない」

「日光市民として年老いた者には何の希望もなく、せめて老人の交流の場に積極的に出られるような交通手段。家からの送迎とか」

「市政には関係ないかもしれないが、タクシーを電話で呼んだときにすでにメーターが上がった状態で来るのはおかしいと思う」

まるでスーパーの掲示板のようである。自分都合の意見が多いし、ネットでよく見る訳がわからないクレーマーのような人もいる。これらの意見は、北関東人特有のエゴの発露に違いないが、こうした声を包み隠さず公開した日光市の姿勢には感服する。まあ当時は巨大合併の不満が燻っていた時期。市内にまとまりが無い中で、あえてストレスの発散や問題提起を兼ねて、これらの不平不満を公開したのかもしれない。

今のままじゃ栃木県は無個性で面白みのないまま

栃木人は地味だといわれる。世渡りが下手でお人よし。目立つ面こそないが、真面目で堅実な点が長所ともいわれている。もちろんこれはあくまでも一般的にいわれる県民性なので、こうした特性に合致しない栃木人も当然いる。また全体的にいえば、派閥嫌いで団結力がなく、各自がめいめいに独自の道へ行こうとする癖がある。要は真面目で着実なくせに妙に屈折しているのだ。しかも真面目がゆえにストレスも溜めやすい。

筆者の知っている栃木人はみな「いい人」である。当たりも柔らかい。しかし、けっこうドライな面もあり、いい人のようで、仕事などで仲間や相手を切り捨てることをまったく厭わなかったりする。さらに我慢の限界が来ると一気に爆発することもある。暴走すると人一倍恐ろしいのも栃木人の特徴だ。

そんな鬱憤を溜めやすい栃木人だが、先の日光のように公的に老若男女が好き勝手なことを論じ合う場があればいいと思う。まあ、昔から連合して事に当たるのがもともと下手で仲間割れもしょっちゅう起きたというから、爆発しぁって収集がつかなくなるかもしれないが。

ただ、栃木人はもっともっと自己主張をするべきだと思うし、そうしなければ、傍から見る限り無個性で面白みのない栃木県のままである。

もっと叫んでもいいんだよ、栃木人。

小山駅にあった地域別ガチャポン。なぜ千葉があって群馬と茨城がないのかわからんが、栃木の減り方がビミョー。アピールが足りないぞ！

日光市も住民アンケートの自由意見の募集と公表を復活させませんか？　意外と街おこしとかに使えると思うけどなあ

外国人の観光客数も年々増えている栃木県。もはや県民もシャイじゃいけない。今こそ積極的にコミュニケーションを！

堅実で世渡り下手というのがザ・栃木人だが、これからの世代は冒険を厭わず、どんどん前に出て欲しい。一歩踏み出す勇気を！

守りから攻めへの大転換！「静かなる巨人」から「もの言う巨人」へ

栃木県は知っているようで知らない県だった

それにしても栃木県は実に神秘のベールに包まれた県である。

筆者は子どもの頃、小山ゆうえんちや1万人プールに何度も来ていたし、栃木出身者に友人も多く、親類縁者だっている。なので栃木県のことはそこそこわかっているつもりでいた。しかし、取材で県内各地を回り、多くの人に会い、かつさまざまなデータを見たりして、知らないことばかりだったことに気付かされた。栃木県とそれなりに縁がある筆者でもこうなんだから、そうじゃない人（とくに西日本の人たち）にしてみれば、まさしく「秘境」に違いない。ただ、栃木県が秘境化している要因は、栃木県が本当はどんなところなのか、正しい情報や本当の魅力が、外に向けてうまく発信されてこなかったからに他ならない。

で、ここまで栃木県についてさまざまなテーマを設けて徹底的に取材、そしてデータを検証し、筆者の主観・客観を織り交ぜながら、栃木県の正しい情報や魅力の発信も兼ねながら、いろいろと語らせていただいた。さらに今回は文庫化にあたり、テーマによっては本書が発刊された2012年当時と現在の状況の違いがわかるよう追記し、さらに新たなテーマも設けてみた。

筆者は本書の中で栃木人の人となり（特性や行動様式）などを単刀直入にバッサバッサと斬りまくった。それは本書で扱っている栃木県のさまざまな問題点について、栃木人の性質を理解し、そこに踏み込んで話をしていかなければいけないと思ったからである。筆者は栃木人の魅力を十分にわかっているつもりだが、表現によってはディスられているように感じたかもしれない。なので読んでいてムカつくことも多々あっただろう。当然ながら本書を読んで賛否両論が出るはずだ。ただ、そんな栃木人の「地雷領域」にも踏み込んでいかなければ、本書を読む多くの栃木人の琴線に触れることもあるまい。だが、そうした踏み込みによって、栃木県という地域の本質の一端を改めて描けたと個人的に自負している。

それではここからまとめの最後に、栃木県のこれからについて提言させていただきたいと思う。もう少々お付き合い願いたい。

県民の自虐的な言葉とは裏腹な幸福県

栃木県生まれで今は栃木県を離れて暮らしている人に、栃木県についていろいろ聞くと、彼らの口ぶりから地元への愛情や誇りが強く感じられる。東京などに出て、新しい空気に触れ、栃木にいたままではおそらく感じられなかったであろう革新的なものをいろいろと学び吸収すると、栃木県の良いところと悪いところがわかってくるはずだ。栃木人は冒険しないし、独創性もあまりないのが欠点だが、律儀で正義感が強いのが良いところ。根が正直だから人付き合いにヘンな駆け引きなどもなく、人間関係があまり面倒じゃないのが楽だという（都会で暮らしていると余計そう感じるそうだ）。

しかし、栃木県内で栃木人と話していると、「栃木なんてロクなとこじゃねえ」みたいなニュアンスの言葉をたびたび聞いたりする。根が正直ということを踏まえれば本気で言っているのかもしれないが、謙虚だから照れ隠しかもしれない。結局のところ口下手で無愛想、もともと言葉も汚いから、真意がよくわからないのだ。

ただ何と言おうと、栃木県は工業、農業、観光といった各種産業のバランスが非常によくとれているハイポテンシャルな「天賦の国」である。雇用もあって平均所得も高い。食料自給率だってそこそこ高く、全国でも「幸せに暮らせる県（幸福県）」のひとつである。だが、それをどれだけの人が知っているだろう。おそらくあまり知られていないのではないか。しかし、栃木人は自分たちの県の素晴らしさをデータからではなく、肌身で感じてよく知っている。それでも県民はあえてそれを誇らしげに語ろうとはしない。栃木人は地元愛が殊更強く、県レベルでは「郷土愛」が薄いこともあるのだろうが、自分たちが満たされていることをわざわざ外へアピールすることはないと考えている。

というわけで、これまで栃木県から十分な情報発信が行われなかったこともあり、地域ブランド調査の魅力度ランキングでは、2015年に35位という大躍進を遂げたものの、それ以外の年は40位台に甘んじ、2017年の最新ランキングでは46位と史上最悪の結果となった。さすがにこれは栃木県も焦ったのか、2018年4月から大々的な観光キャンペーンを行ったが、宣伝展開はJR東日本、東武鉄道、地元ローカル線管内が中心で、栃木県の存在があまり知られていない西日本へのPR活動はほぼ無かった。もともと認知度が低いエリアで宣伝効果が未知数というのであれば、あえて切り捨てるのも手かもしれないが、こうした冒険をおかさない堅実性はいかにも栃木県である。ただもう少し上昇志向というか、思い切ったチャレンジをしてもいいんじゃないの？

田舎なのに排他的ではないからヨソ者の評判がいい

栃木県は保守的かつ消極的な県で、「地味に内に籠る」イメージもあるが、だからといって県民は閉鎖的ではない。江戸時代、日光街道と奥州街道が走り、県都・宇都宮は先の両街道が分岐する宿場町で交通の要衝でもあった。しかも日光には徳川家康が祀られていたので、栃木には将軍家を筆頭に関東各地から多くの藩主が訪れた。そんな歴史的背景があるからか、県民は来るものは拒まない性質で、ヨソ者を排除することはない。だから外国人にも住みやすいと評判で、県都・宇都宮などは在住外国人も多く、一面だけ切り取ればとても国際的な雰囲気が漂っている。

国内外からの移住先として栃木県の評判はすこぶるいい（栃木県を身内が誉めないでヨソ者が誉めるというのは皮肉なものである）。全国の都市を対象にした東洋経済新報社の「住みよい街ランキング」では、県内の最高は宇都宮の１０４位。お隣の茨城県のように毎年トップ10に入るような自治体（守谷市）こそないものの、田舎への移住という面では栃木県の方が注目されている。定住促進に積極的な市町村を対象とした宝島社の「住みたい田舎ベストランキング」では、２０１７年に栃木市が総合順位で全国13位、「若者世代部門」と「子育て世代部門」で全国1位に輝いている。栃木市は田舎ながら幼稚園、保育園から高校まで学校も多く、子育て世代には安心感があり、加えて情報を発信する若者も集まり始めているという。若者を対象にした住まいへの補助制度が充実しているというのが強みになっているようだし、若者にすれば田舎といっても東京までそう遠くないところも魅力なのかもしれない。

移住促進というのは、どの地方でも進めている重要課題のひとつだが、この点で栃木県は実際の移住者、そしてメディアから優れた評価を得ている。だがこうした栃木県にとっては非常に有意義な情報が、広く発信されていないのは実にもったいない。

変わるべきところは変わらないと沈むだけ

繰り返しになってしまうが、このままでは栃木県はいつまでも「この世の果て」「秘境県」扱いしかされないだろう。しかし、実際は日本になくてはならない産業県のひとつだし、貴重な世界遺産もある。田舎なのに閉鎖的でも排他的でもなく移住先としても理想郷と良いところばかりだ。

ただ、風向きは変わろうとしている。宇都宮でLRTが開業することがようやく決まったことでもわかるように、「冒険しない」「革新性がない」といわれ続けてきた栃木県が、県都から変わろうとしているのだ。もともと軌道がないところに新設で鉄道を敷こうなんて、従来の栃木ではまず出てこない発想だ。当然、こうした動きに対して保守的な人たちからのアレルギーは強かったが、粘り強く計画を推し進め、現実化したところに断固たる変革の意志を感じてしまう。

なぜ変革の風は吹き始めたのか？　それは危機感からだろう。２０１１年以降、原発事故発生による風評被害に苦しんだ。リーマンショック以降の世界経済の冷え込みなどで県内に立地している大企業がピンチに陥り、雇用の悪化や関連企業の経営悪化を招いた地域もあった。そのとき、何もせずに時間の経過にだけ頼っていたら、沈むだけというのが身に沁みてわかったはず。やはり変わるべきところは変わるべきなのである。

現在の栃木県はもう一段階ステップアップするための、いわば過渡期にあるといってもいい。郷土の素晴らしさを自ら積極的に全国へアピールして「北関東の静かなる巨人」から脱却し、「北関東のもの言う巨人」になるべき時が来ているのだ。

栃木県は関東の内陸型工業地帯の中心で工業は盛んだが、農業もすこぶる盛ん。食料自給率だってそこそこ高い

栃木デスティネーションキャンペーンでは、東武鉄道でもSL大樹を含めさまざまなイベントを開催。もっと全国にPRすればいいのに

栃木市は「住みたい田舎」と評価されているそう。栃木県は移住先としての評判はいいけど、あまり知られてないのが残念

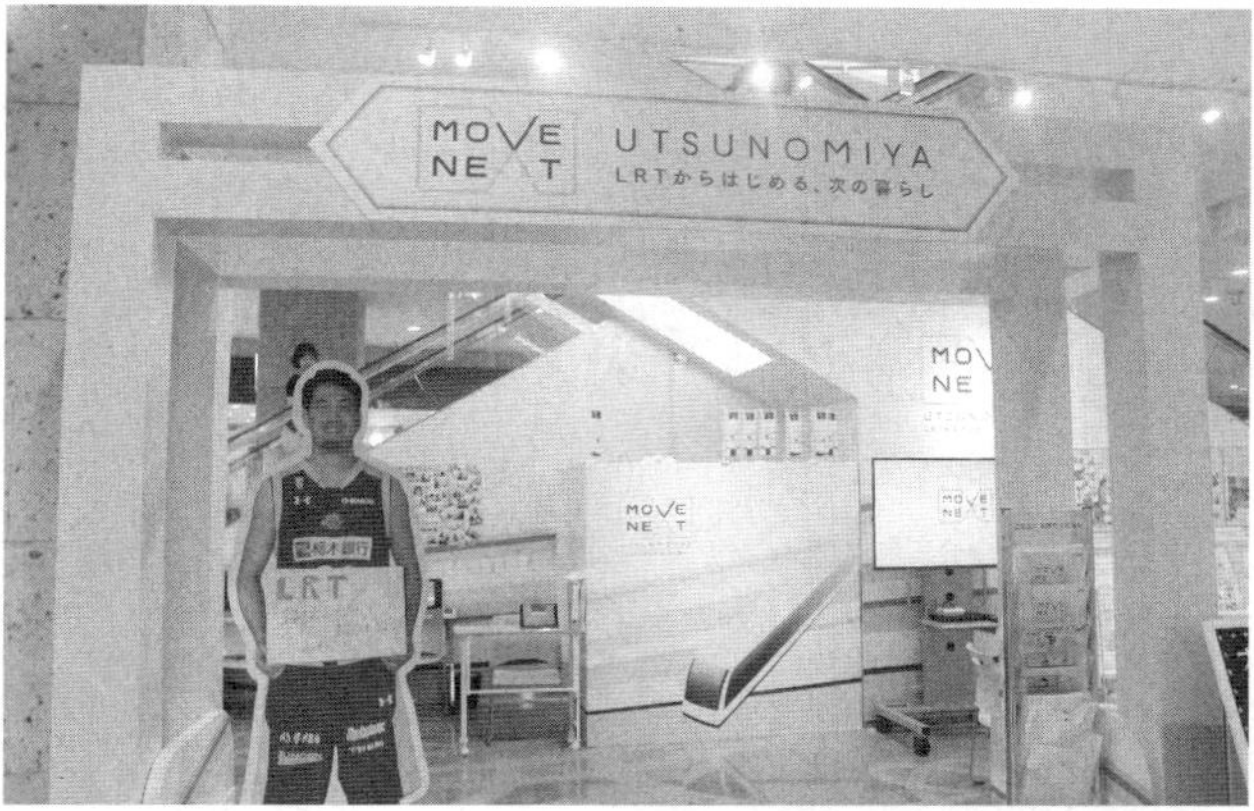

革新的な発想が生まれないとされていた栃木県で、LRTの新設計画が浮上したのは超意外である。栃木人の意識も変わったなあ

あとがき

栃木県は世間で言われているほど田舎ではない。鉄道やバスのダイヤが過疎化していないし、何といっても栃木県では漏れなく交通系ICカードが各駅で利用可能である。もしかしたら利用できない駅があるかもしれないが、筆者が乗り降りした駅はすべてIC対応だった。さらにコミュニティバスに乗った際も、マイクロバスだったにもかかわらずIC対応していた。それだけでも栃木は断固田舎じゃないし、やはり関東、首都圏なのである。

栃木県は移住先としても人気なのだそうだ。こんなのどかで人々が気さくな（無愛想なおっさんも多いけどね）首都圏。住んでみたくなるのもちょっとわかる気がする。

さて、宇都宮の名物が餃子ということを知らない人は、おそらくほとんどいないだろう。ただ今回の取材で宇都宮に滞在していたが、餃子はまったく口にしなかった。でも餃子以外にも宇都宮には美味いものがたくさんある。さりげなくレベルが高いなと思ったのは定食屋と大衆酒場。山の幸もさることながら海無し県にもかかわらず、魚がけっこう美味かった。それにオオバコ（席数が多い大きい店）も揃っているが、小ぶりでひとりで気軽に入れる店が多いのもうれしい。そんなところに宇都宮という街の懐の深さを感じた次第である。

地元の反対はいまだ大きいようだが、宇都宮にＬＲＴが走るのは悪いことじゃない。多分に個人的価値観の話になるが、ＬＲＴが成功した富山もまた素敵な飲み屋が揃う街で、歓楽街の総曲輪（そうがわ）や桜木町で一杯飲んでから、ほろ酔いでライトレールに揺られて宿に帰るのはなかなかオツなものだった。宇都宮で歓楽街の馬場町界隈にＬＲＴが通るのは、まだ当分先になりそうだが、もし西口側にも開業したら、宇都宮駅近くに宿をとり、夜はＬＲＴに揺られて馬場町やオリオン通りあたりに飲みに行こうとすでに決めている。

古いものは残しつつ、変えるべきところは変える。ＬＲＴが走る宇都宮の今後のまちづくりのコンセプトとしてふさわしいのは、刷新ではなくカオスだと思う。表現は悪いけれど「大人のオモチャ箱」のようなワクワクする楽しい街になって欲しい。数年後どうなっているか、今から楽しみである。

岡島慎二

参考文献

・阿部昭　橋本澄朗　千田孝明　大嶽浩良
『栃木県の歴史』　山川出版社　２０１１年
・森下喜一
『栃木弁ばんざい』　随想舎　２００３年
・福田三男
『栃木県謎解き散歩』　新人物往来社　２０１２年
・岩中祥史
『日本全国　都市の通信簿——主要35都市を採点する』　草思社　２００７年
・岩中祥史
『新・出身県でわかる人の性格』　草思社　２０１２年
・とちぎ地域・自治研究所
『道州制で県民の暮らしはどうなる?―検証と提言福田県政の8年間』　随想舎　２０１２年
・大町雅美
『自由民権運動と地方政治―栃木県明治前期政治史』　随想舎　２００２年

・三浦佐久子
『足尾万華鏡—銅山町を彩った暮らしと文化』　随想舎　２００４年
・中村祐司
『〝とちぎ発〟地域社会を見るポイント１００』　下野新聞社　２００７年
・日光観光協会
『日光パーフェクトガイド』　下野新聞社　２０１２年
・ダイヤモンド・ビッグ社
『とちぎの歩き方　２０１２‐13—日光・那須・鬼怒川・宇都宮・益子・佐野・足利』　ダイヤモンド・ビッグ社　２０１１年
・室井正松　上杉純夫　東和之　小島守夫　仙石富英
『栃木県の山』　山と渓谷社　２００６年
・磯忍
『那須野—自然と農村と歴史文化』　下野新聞社　２００９年
・週刊東洋経済編集部
『週刊東洋経済　２０１２年10月13日号』　東洋経済新報社　２０１２年
・佐藤龍太郎　井上真
『放射能の風評被害が国内産業に与えるインパクト』　Ｂｏｏｚ＆Ｃｏｍｐａｎｙ

２０１２年
・木部克彦
『群馬の逆襲』　彩流社　２０１０年
・祖父江孝男
『県民性』　中央公論社　１９７１年
・るるぶ栃木編集部
『るるぶ栃木 宇都宮 那須 日光'18』　ＪＴＢパブリッシング　２０１７年

【サイト】
・栃木県ホームページ
http://www.pref.tochigi.lg.jp/
・宇都宮市ホームページ
http://www.city.utsunomiya.tochigi.jp/
・鹿沼市ホームページ
http://www.city.kanuma.tochigi.jp/

・真岡市ホームページ
http://www.city.moka.tochigi.jp/
・栃木市ホームページ
http://www.city.tochigi.lg.jp/
・足利市ホームページ
http://www.city.ashikaga.tochigi.jp/
・小山市ホームページ
http://www.city.oyama.tochigi.jp/
・佐野市ホームページ
http://www.city.sano.lg.jp/
・那須塩原市ホームページ
http://www.city.nasushiobara.lg.jp/
・日光市ホームページ
http://www.city.nikko.lg.jp/
・矢板市ホームページ
http://www.city.yaita.tochigi.jp/
・大田原市ホームページ

http://www.city.ohtawara.tochigi.jp/
・さくら市ホームページ
http://www.city.tochigi-sakura.lg.jp/
・下野市ホームページ
http://www.city.shimotsuke.lg.jp/
・那須烏山市ホームページ
http://www.city.nasukarasuyama.lg.jp/
・上三川町ホームページ
http://www.town.kaminokawa.tochigi.jp/
・芳賀町ホームページ
http://www.town.haga.tochigi.jp/
・高根沢町ホームページ
http://www.town.takanezawa.tochigi.jp/
・市貝町ホームページ
http://www.town.ichikai.tochigi.jp/forms/top/
top.aspx
・茂木町ホームページ

http://www.town.motegi.tochigi.jp/

・益子町ホームページ

http://www.town.mashiko.tochigi.jp/

・塩谷町ホームページ

http://www.town.shioya.tochigi.jp/forms/top/top.aspx

・壬生町ホームページ

http://www.town.mibu.tochigi.jp/

・野木町ホームページ

http://www.town.nogi.tochigi.jp/

・岩舟町ホームページ

http://www.town.iwafune.tochigi.jp/

・那珂川町ホームページ

http://www.town.tochigi-nakagawa.lg.jp/

・那須町ホームページ

http://www.town.nasu.lg.jp/

・結城市ホームページ

http://www.city.yuki.lg.jp/

・太田市ホームページ

http://www.city.ota.gunma.jp/

・茨城県ホームページ

http://www.pref.ibaraki.jp/

・群馬県ホームページ

http://www.pref.gunma.jp/

・下野新聞社「SOON」

http://www.shimotsuke.co.jp/

・とちぎテレビホームページ

http://www.tochigi-tv.jp/

・厚生労働省ホームページ

http://www.mhlw.go.jp/

・文部科学省ホームページ

http://www.mext.go.jp/

・総務省統計局ホームページ

http://www.stat.go.jp/

・環境省ホームページ
http://www.env.go.jp/
・国土交通省ホームページ
http://www.mlit.go.jp/
・農林水産省ホームページ
http://www.maff.go.jp/
・経済産業省ホームページ
http://www.meti.go.jp/
・ＪＲ東日本ホームページ
http://www.jreast.co.jp/
・東武鉄道ポータルサイト
http://www.tobu.co.jp/
・ブランド総合研究所ホームページ
http://tiiki.jp/
・地震調査研究推進本部ホームページ
http://www.jishin.go.jp/main/index.html
・国土地理院ホームページ

http://www.gsi.go.jp/
・気象庁ホームページ
http://www.jma.go.jp/
・国立社会保障・人口問題研究所公式ウェブサイト
http://www.ipss.go.jp/
・一般財団法人　自動車検査登録情報協会
http://www.airia.or.jp/
・ｈｍｔマガジン
http://hmt.uub.jp/
・高校受験　高校偏差値情報
http://momotaro.boy.jp/
・宇都宮餃子会
http://www.gyozakai.com/
・史上最大の合コン大作戦　宮コン
http://www.miyacon.jp/
・関東自動車ホームページ
http://www.kantobus.co.jp/

・日本☆地域番付
http://area-info.jpn.org/
・ツインリンクもてぎ
http://www.twinring.jp/
・宮カフェ
http://miyacafe.jp/

●編者

岡島慎二

1968年茨城県生まれ。雑食ライター兼編集者。地域批評シリーズでは北関東3県を担当。かつて1万人プールや小山ゆうえんちにちょくちょく遊びに行っていた筆者にとって、栃木県は古き良き時代の思い出が残る懐かしい場所。ただ、レモン牛乳の甘さについていけなくなったことに時の流れと加齢を感じてしまう今日この頃。

鈴木士郎

1975年東京都生まれ。編集者・ライター。出版社を経てフリー。地域批評シリーズ創刊より編集スタッフ、編著者として携わる。近刊は『日本の特別地域 特別編集79 これでいいのか千葉県船橋市』。『東北のしきたり』（岡島慎二と共著・共にマイクロマガジン社）。

地域批評シリーズ㉖　これでいいのか 栃木県

2018年7月17日　第1版　第1刷発行

編　者　岡島慎二
　　　　鈴木士郎
発行人　武内静夫
発行所　株式会社マイクロマガジン社
　　　　〒104-0041　東京都中央区新富1-3-7 ヨドコウビル
　　　　TEL 03-3206-1641　FAX 03-3551-1208（販売営業部）
　　　　TEL 03-3551-9564　FAX 03-3551-9565（編　集　部）
　　　　http://micromagazine.net/
編　集　髙田泰治
装　丁　板東典子
イラスト　田川秀樹
協　力　株式会社エヌスリーオー
印　刷　図書印刷株式会社

※定価はカバーに記載してあります
※落丁・乱丁本はご面倒ですが小社営業部宛にご送付ください。送料は小社負担にてお取替えいたします

※本書の内容は2018年6月1日現在の状況で制作したものです。

2018 Printed in Japan　ISBN　978-4-89637-800-9　C0195